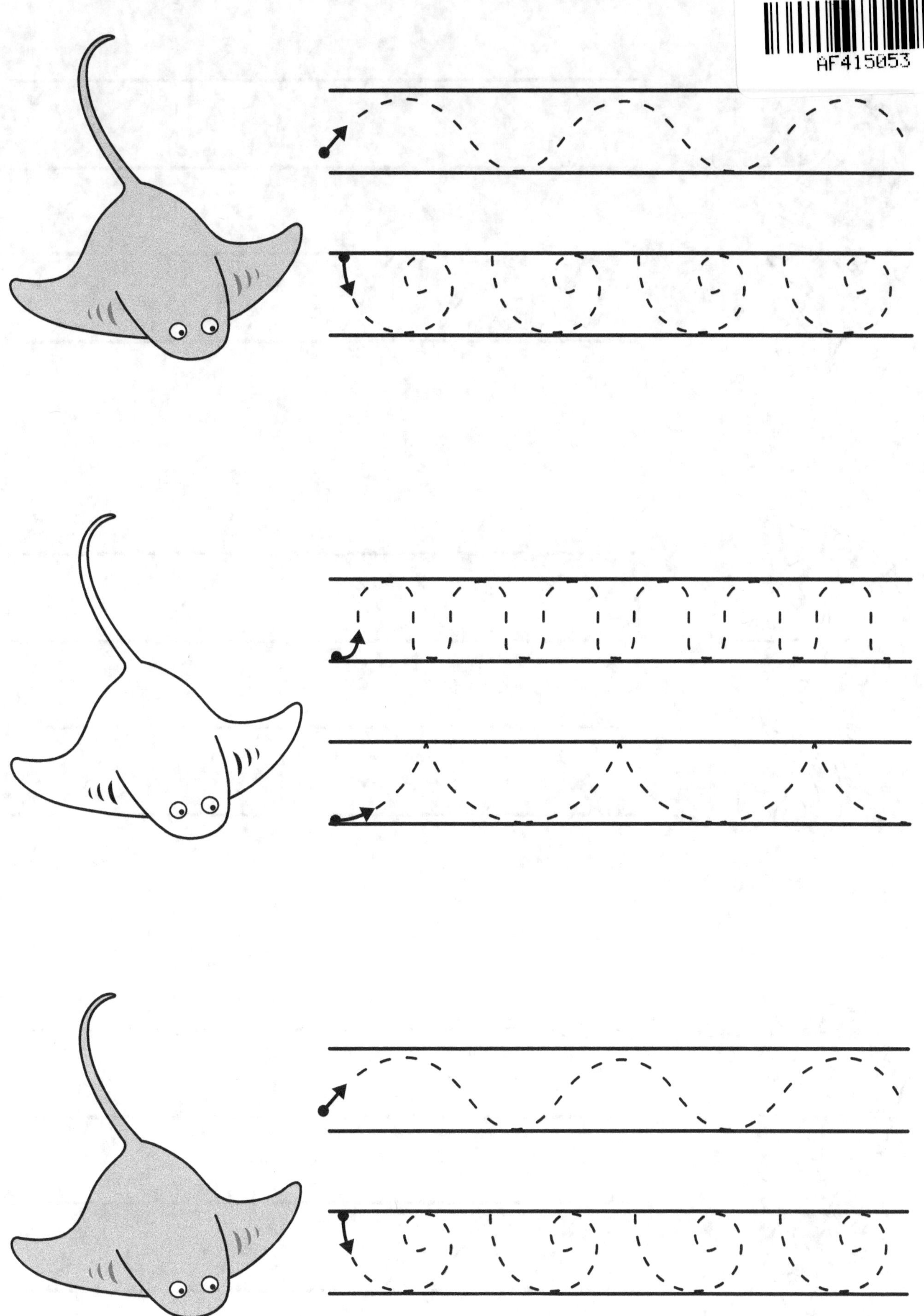

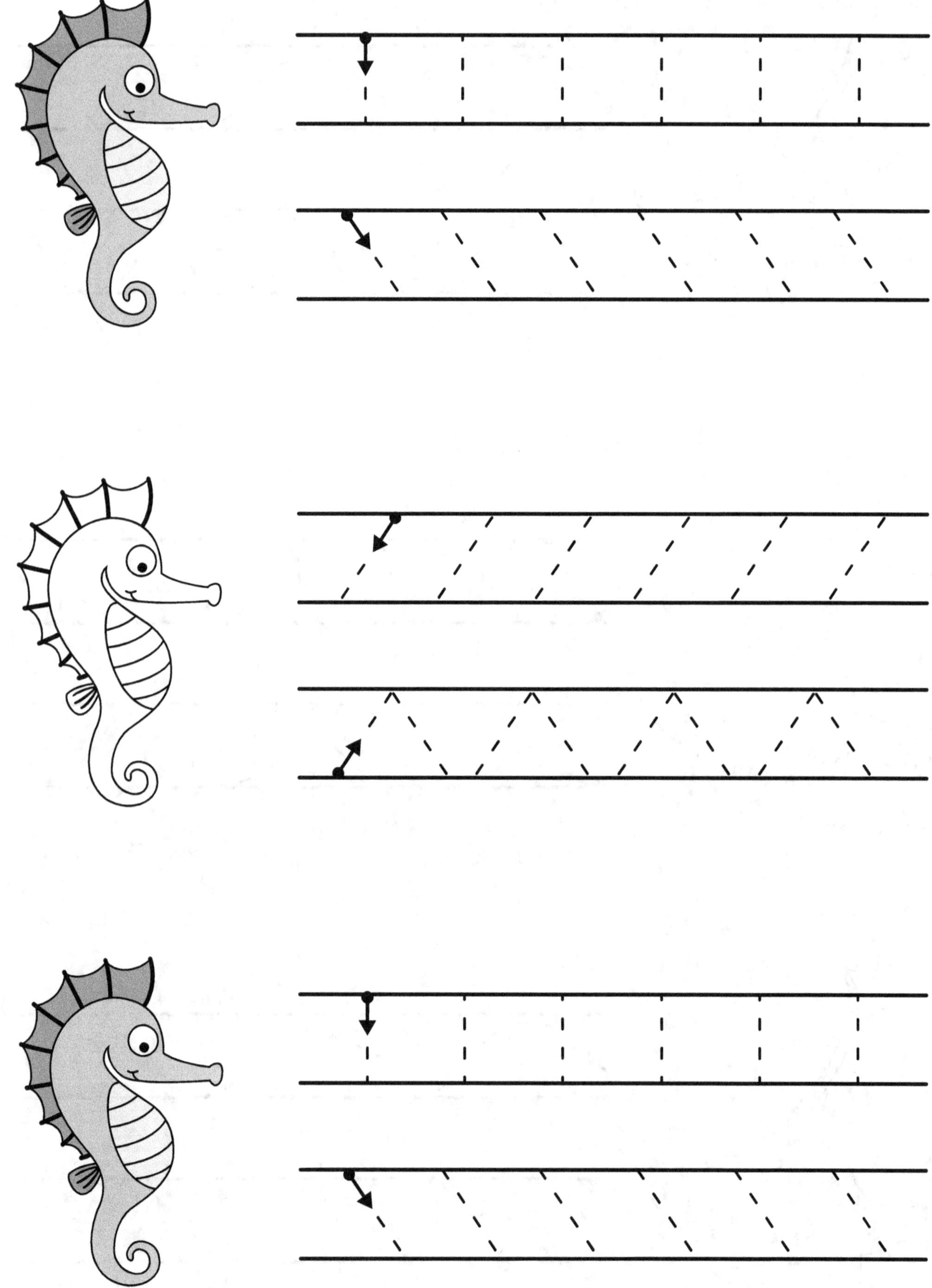

DIESES BUCH GEHÖRT

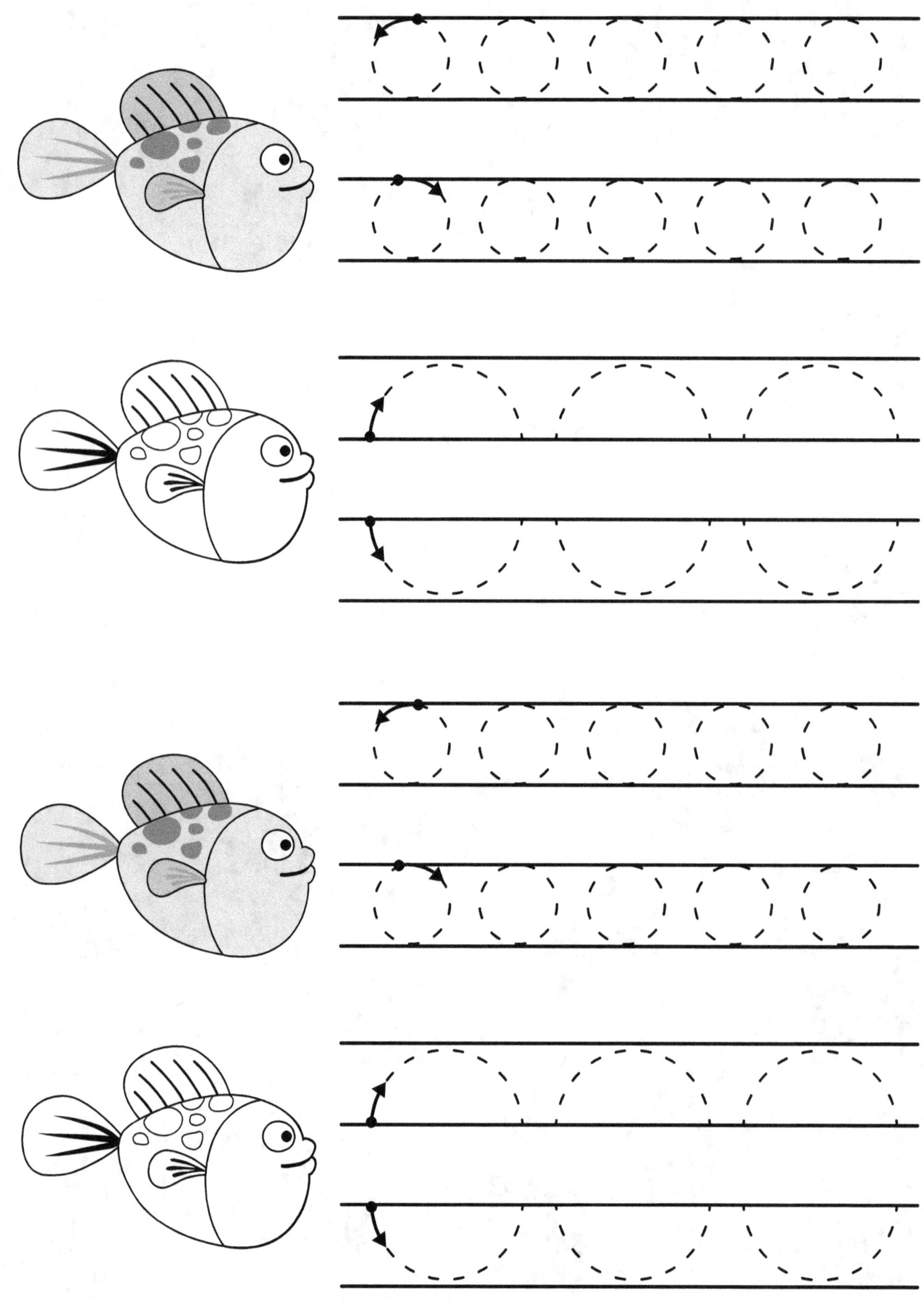

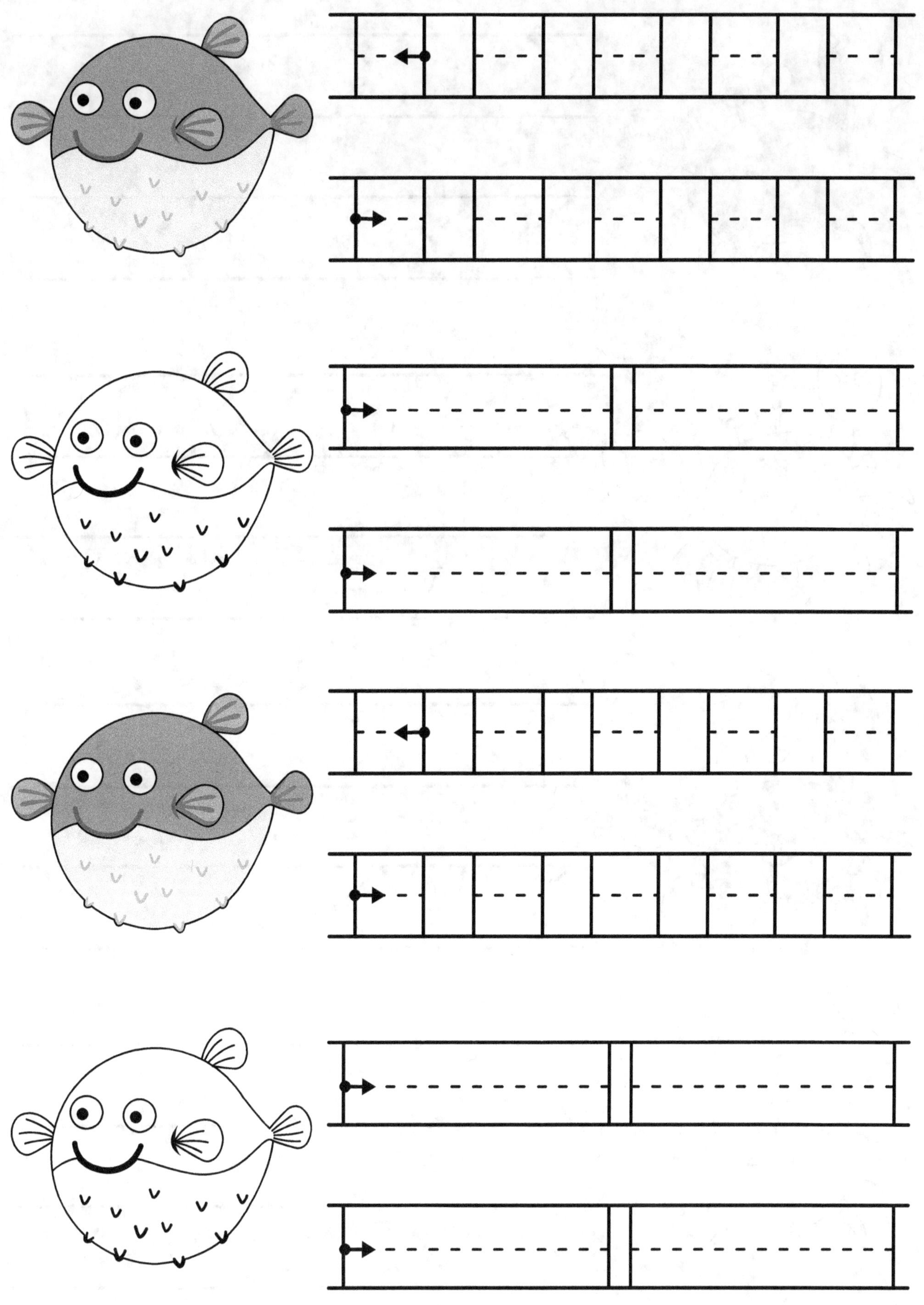

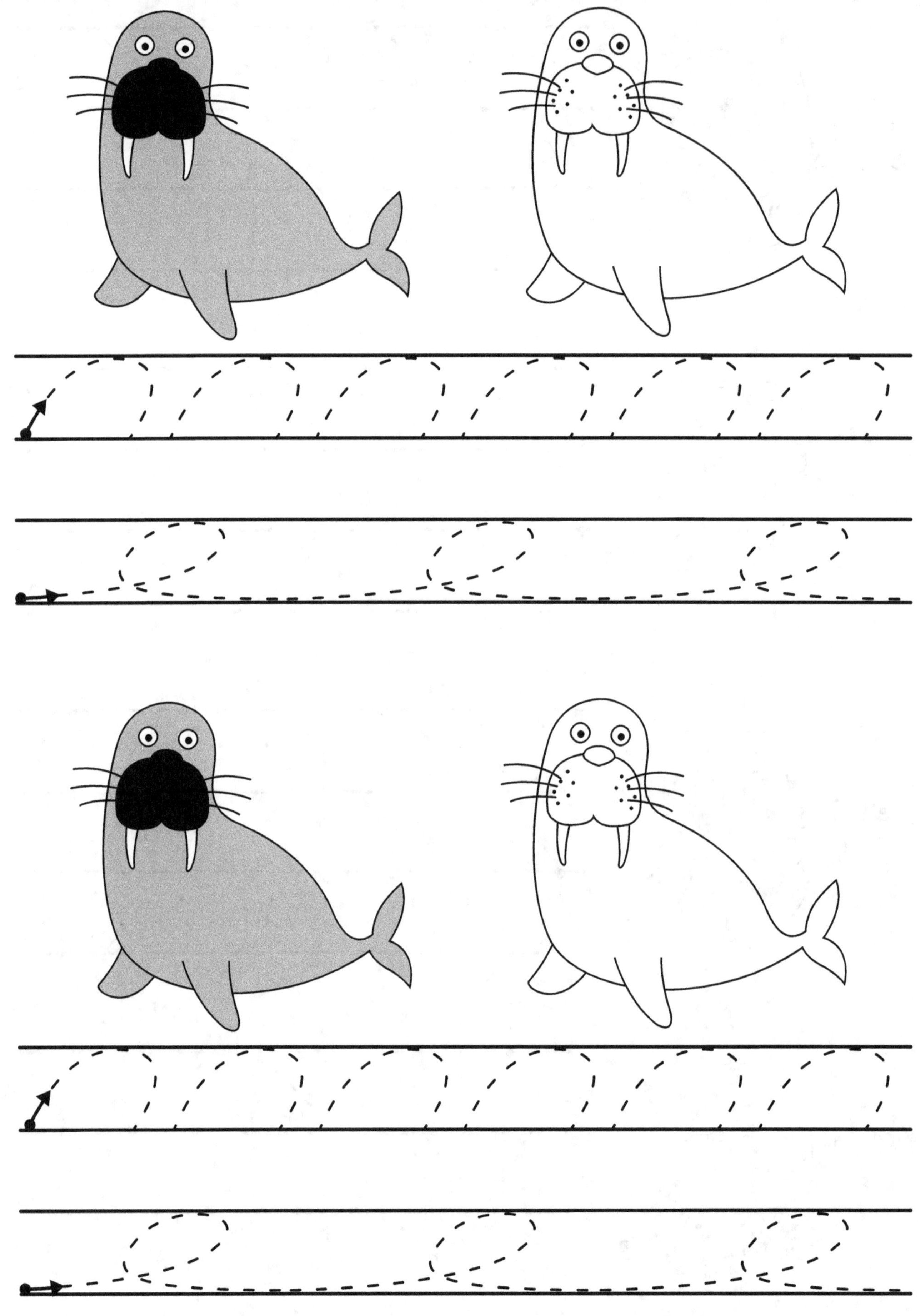

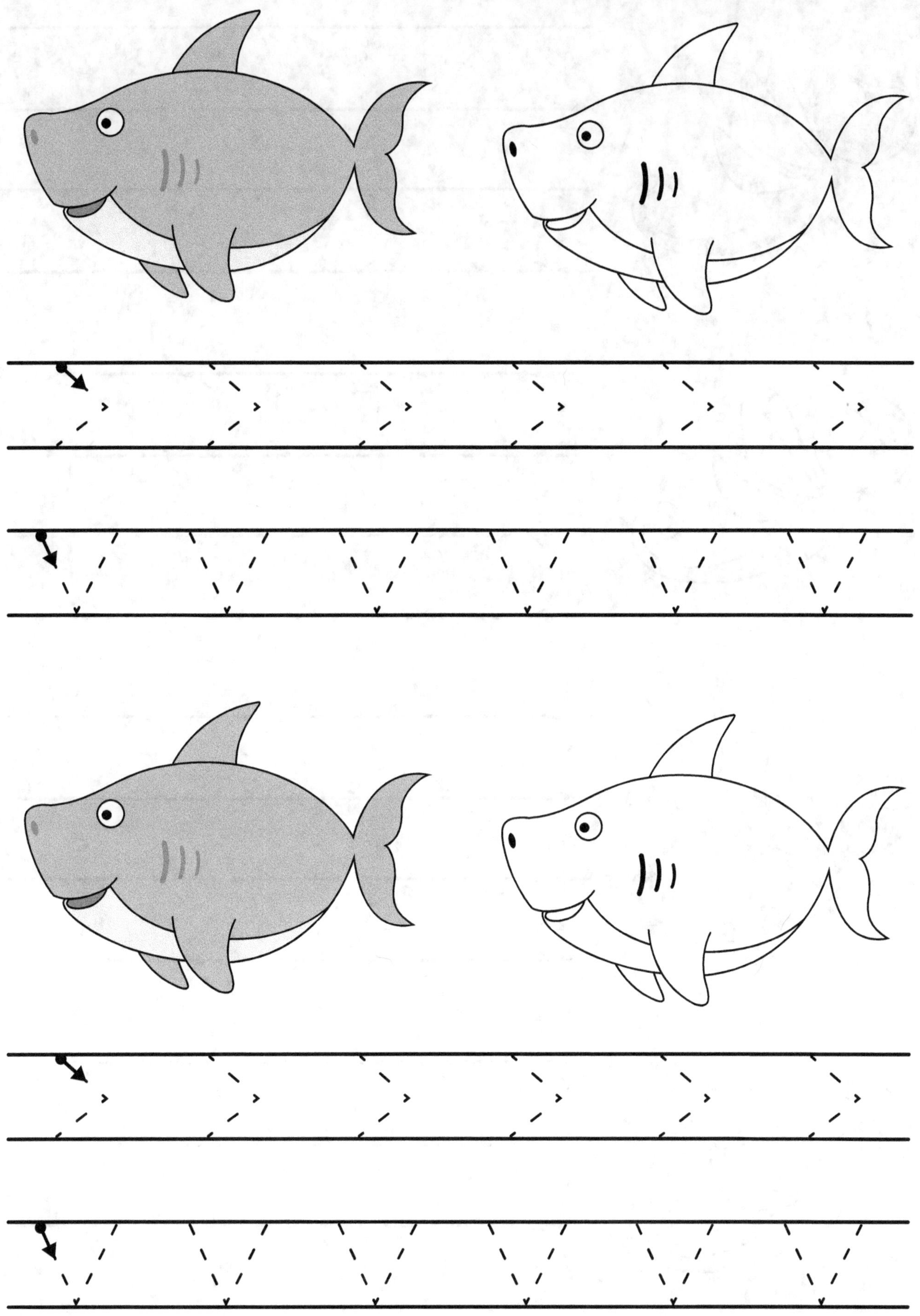

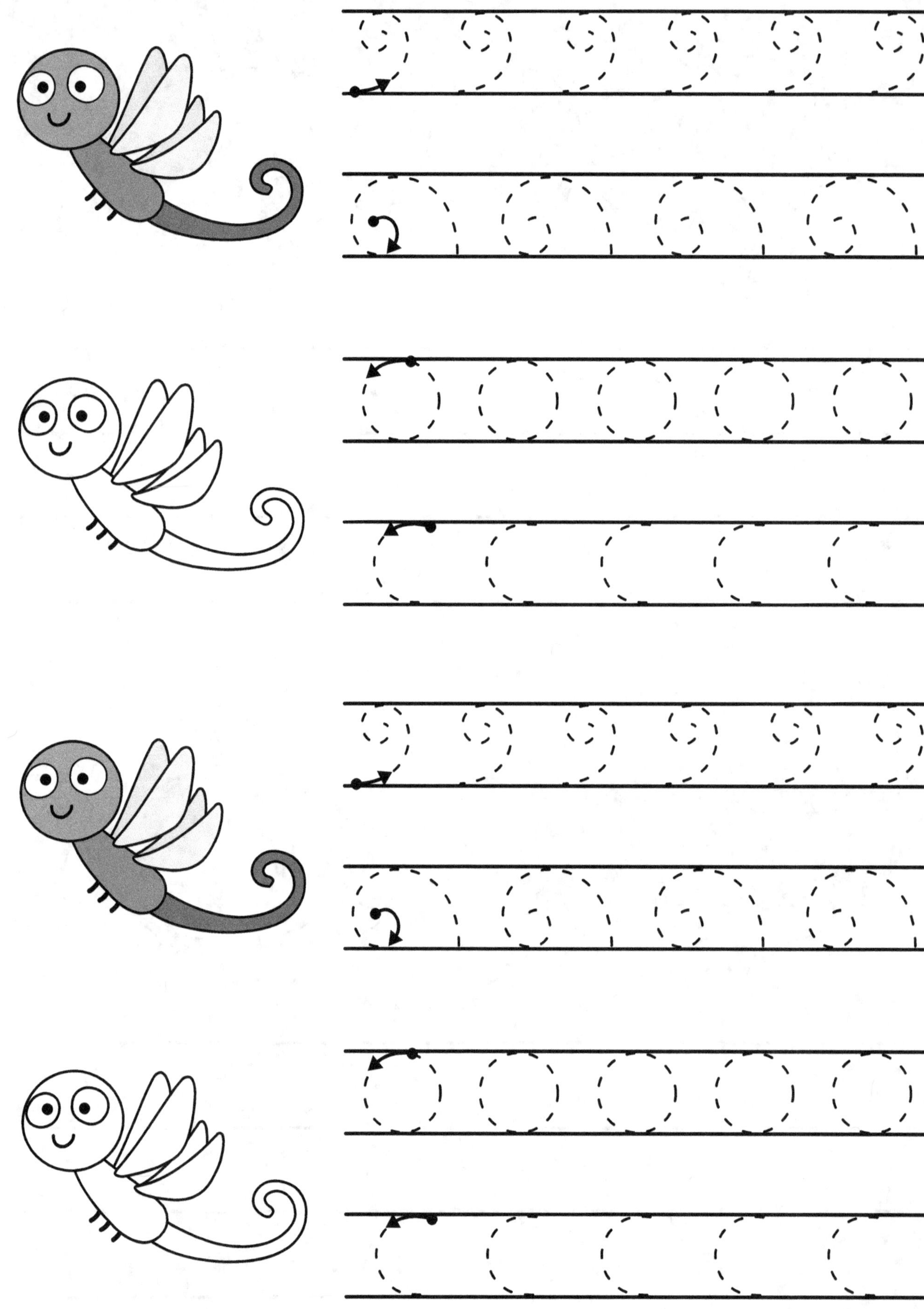

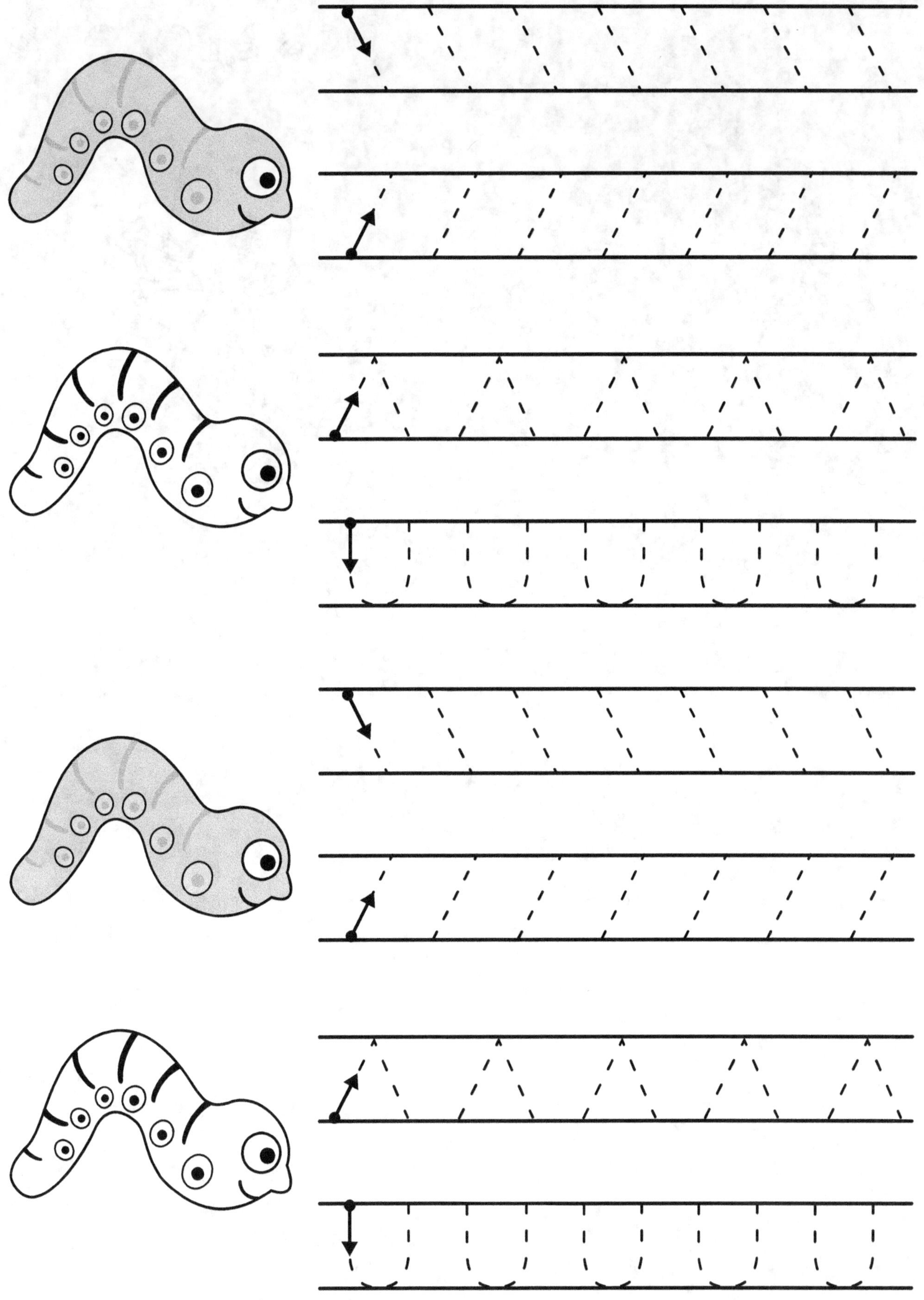

wie Alligator

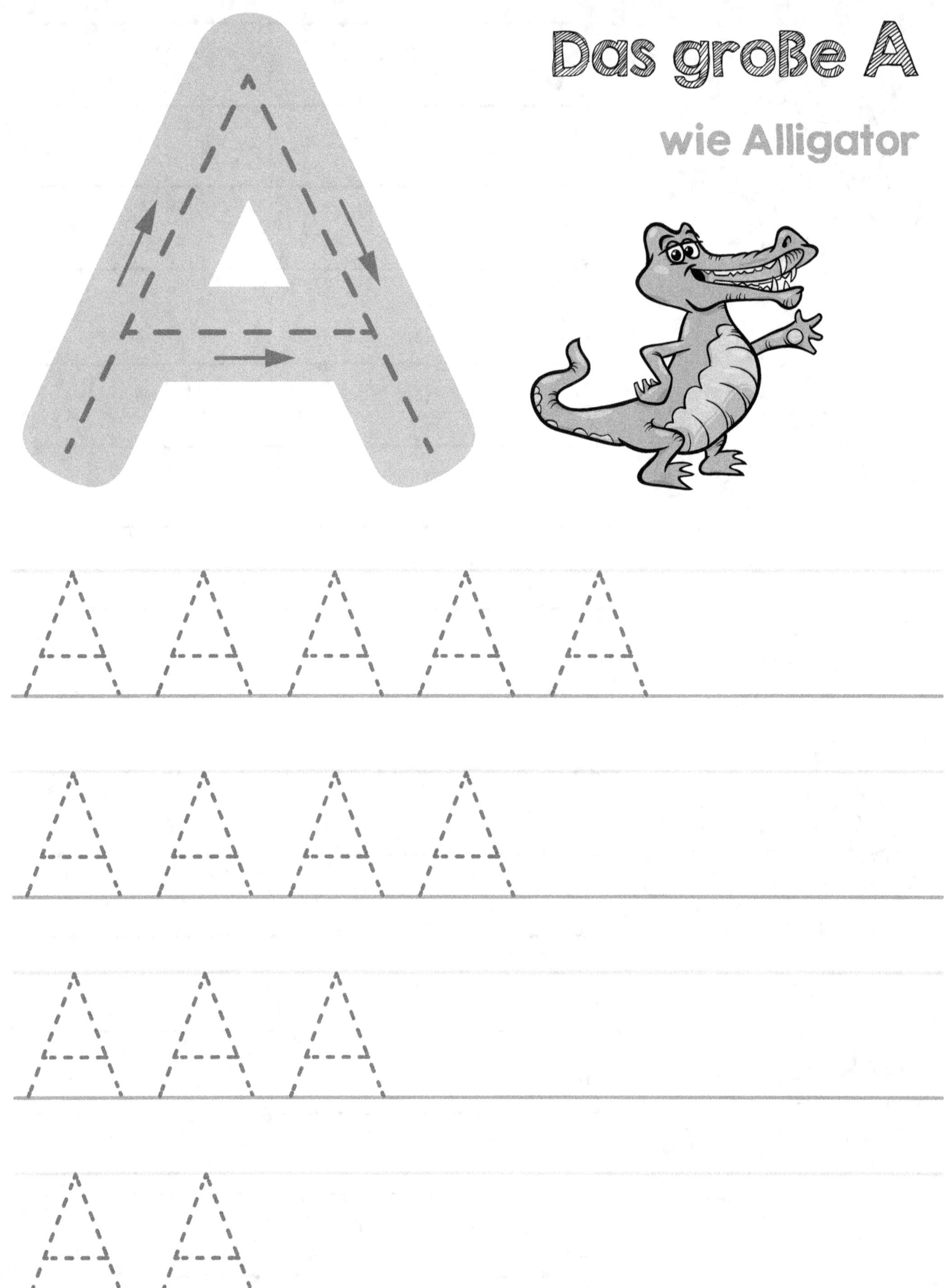

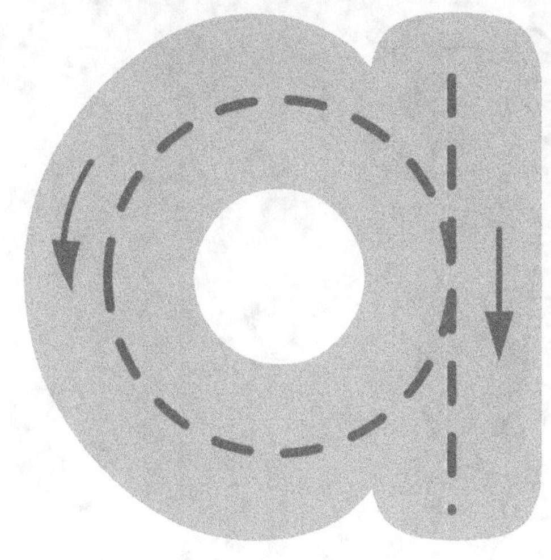

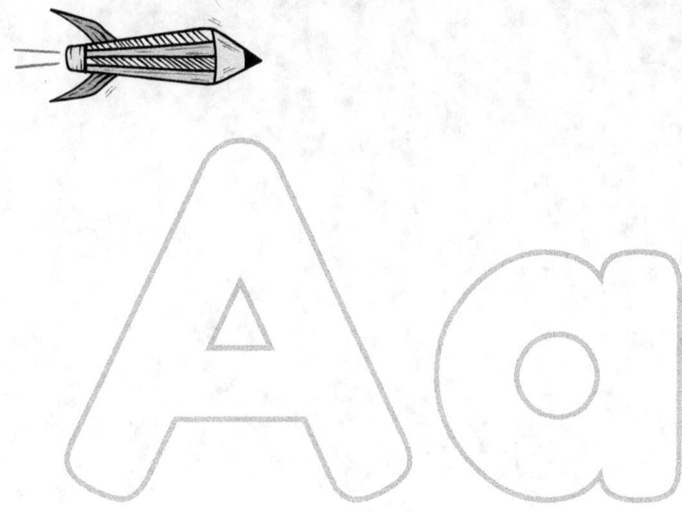

wie Bär

B B B B B

B B B B

B B B

B B

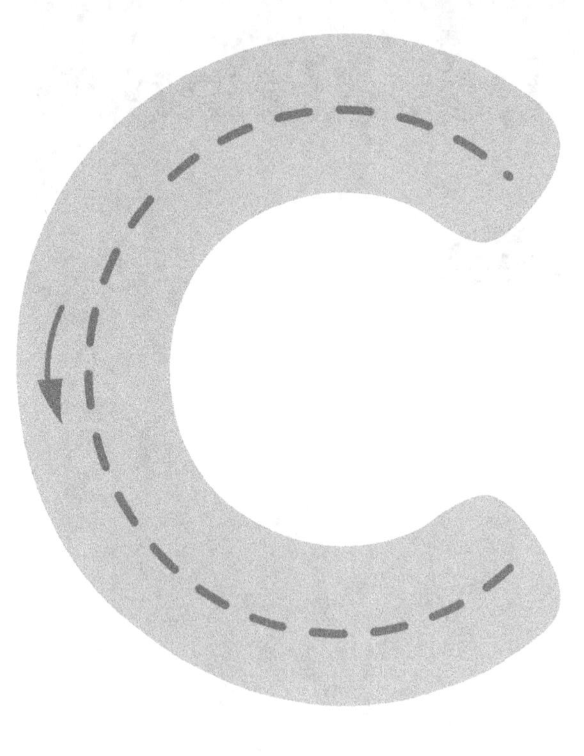

wie Chamäleon

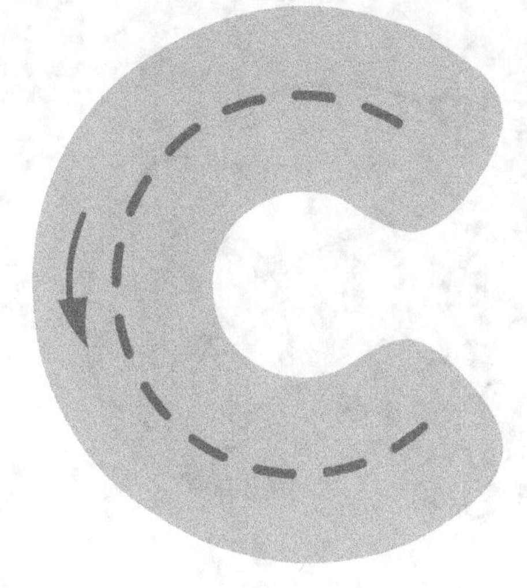

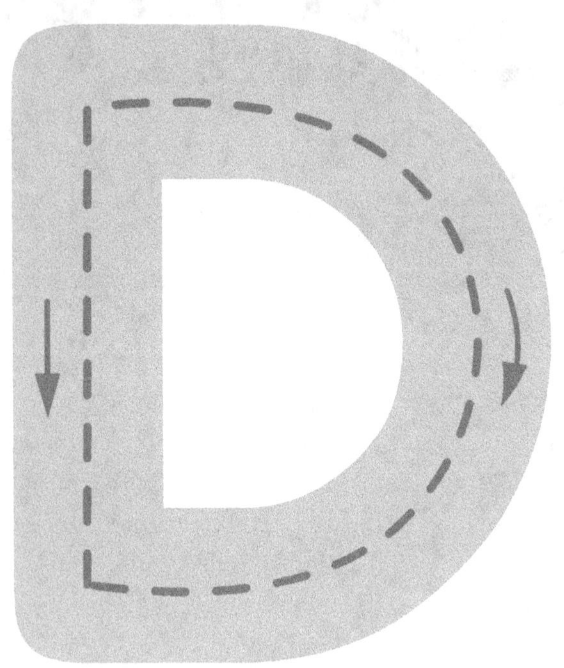

Das große D

wie Dachs

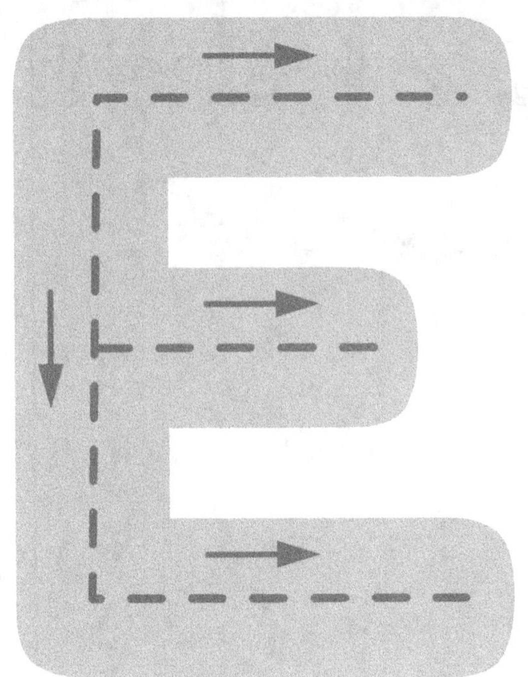

Das große E

wie Elefant

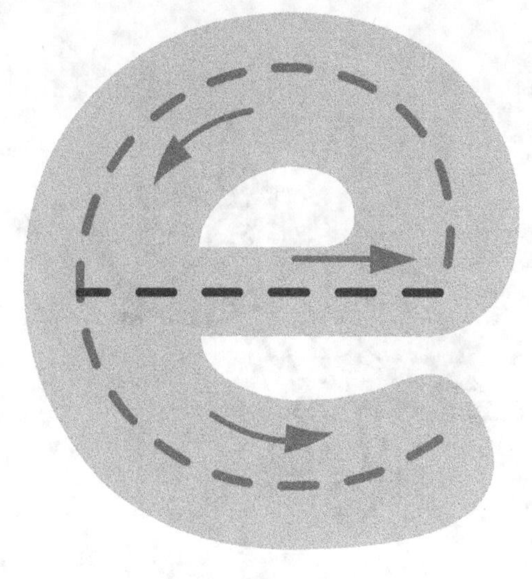

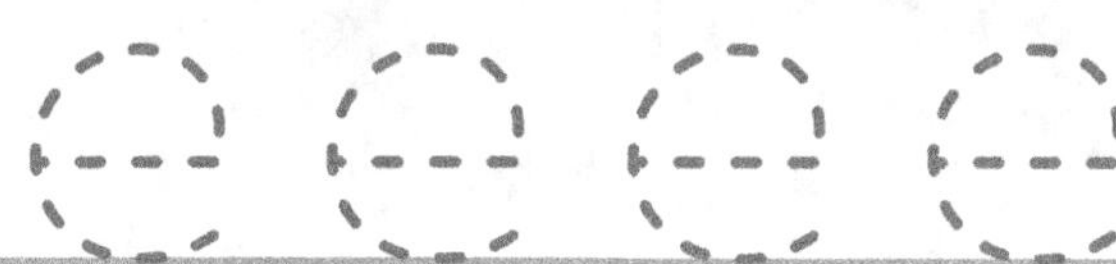

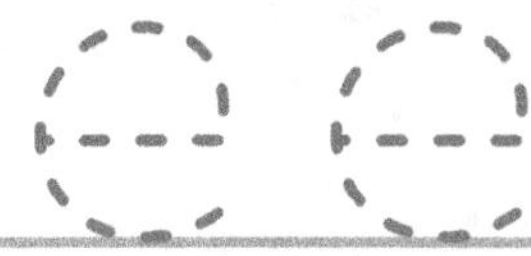

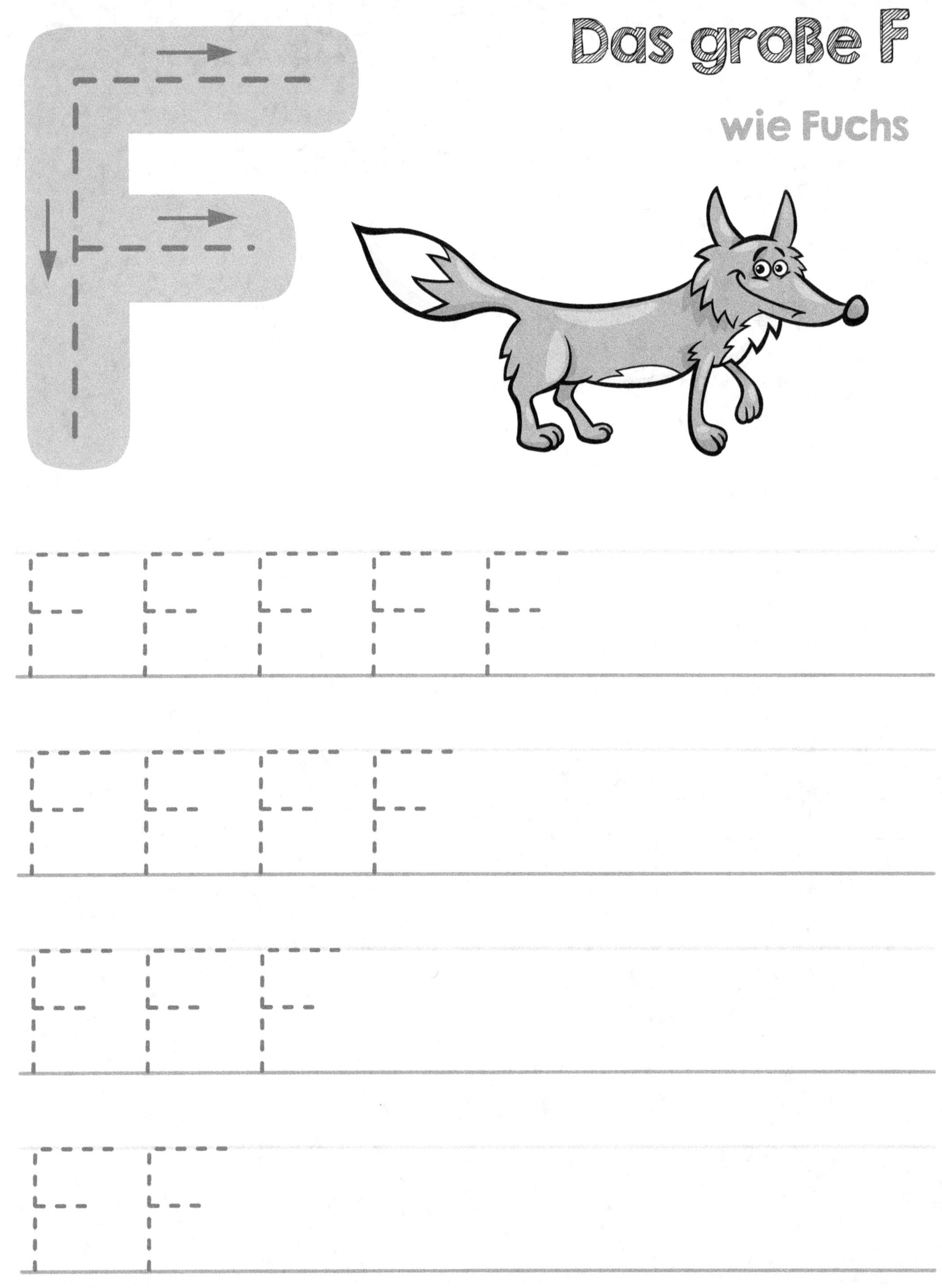

Das große F
wie Fuchs

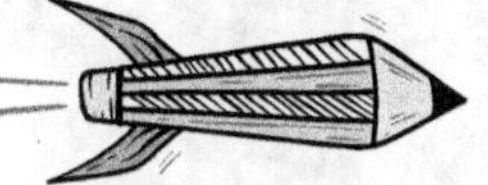

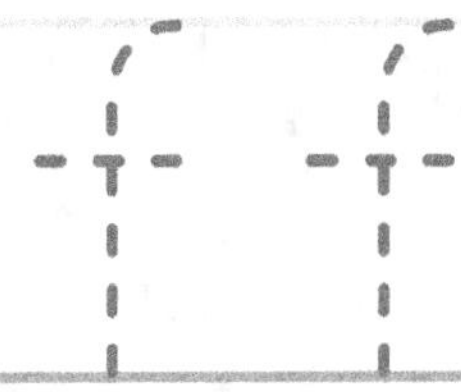

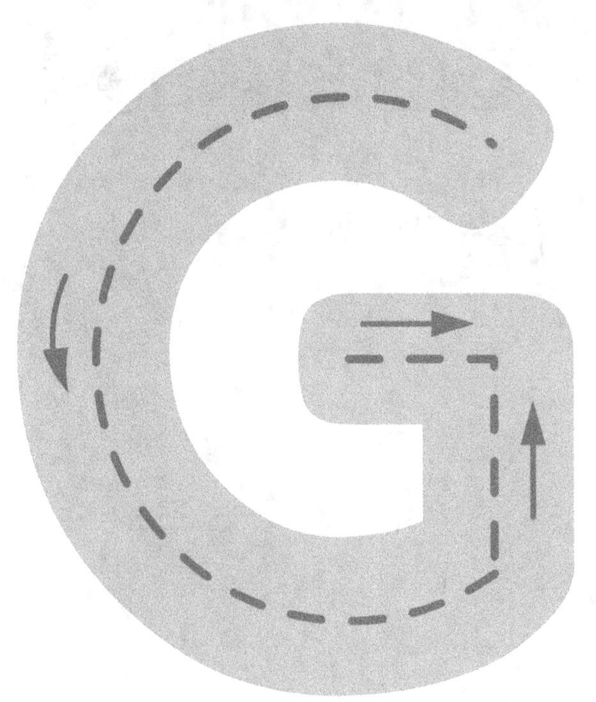

Das große G

wie Gorilla

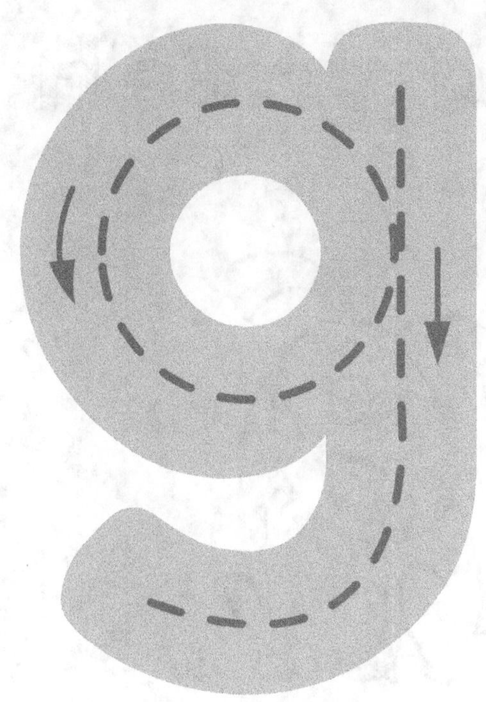

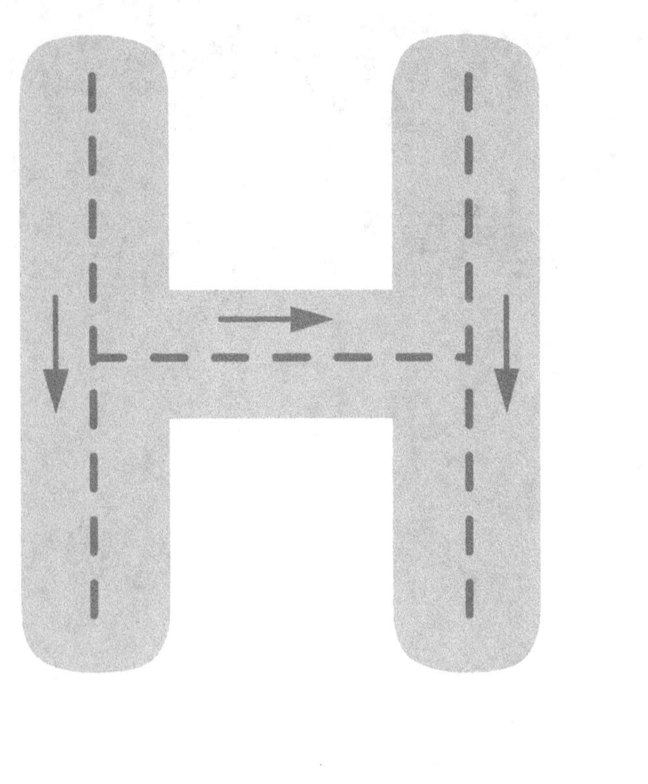

Das kleine h

Das kleine i

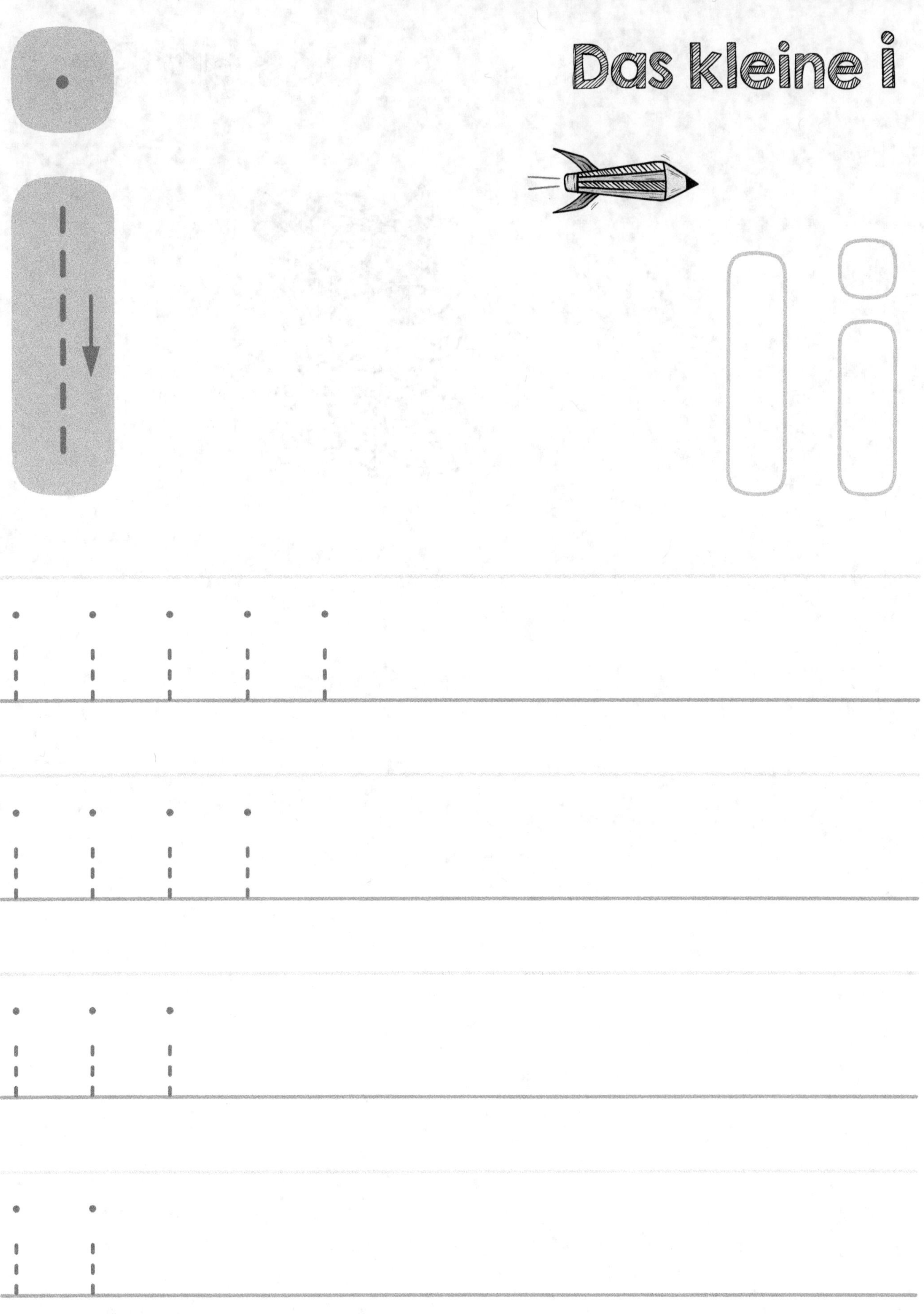

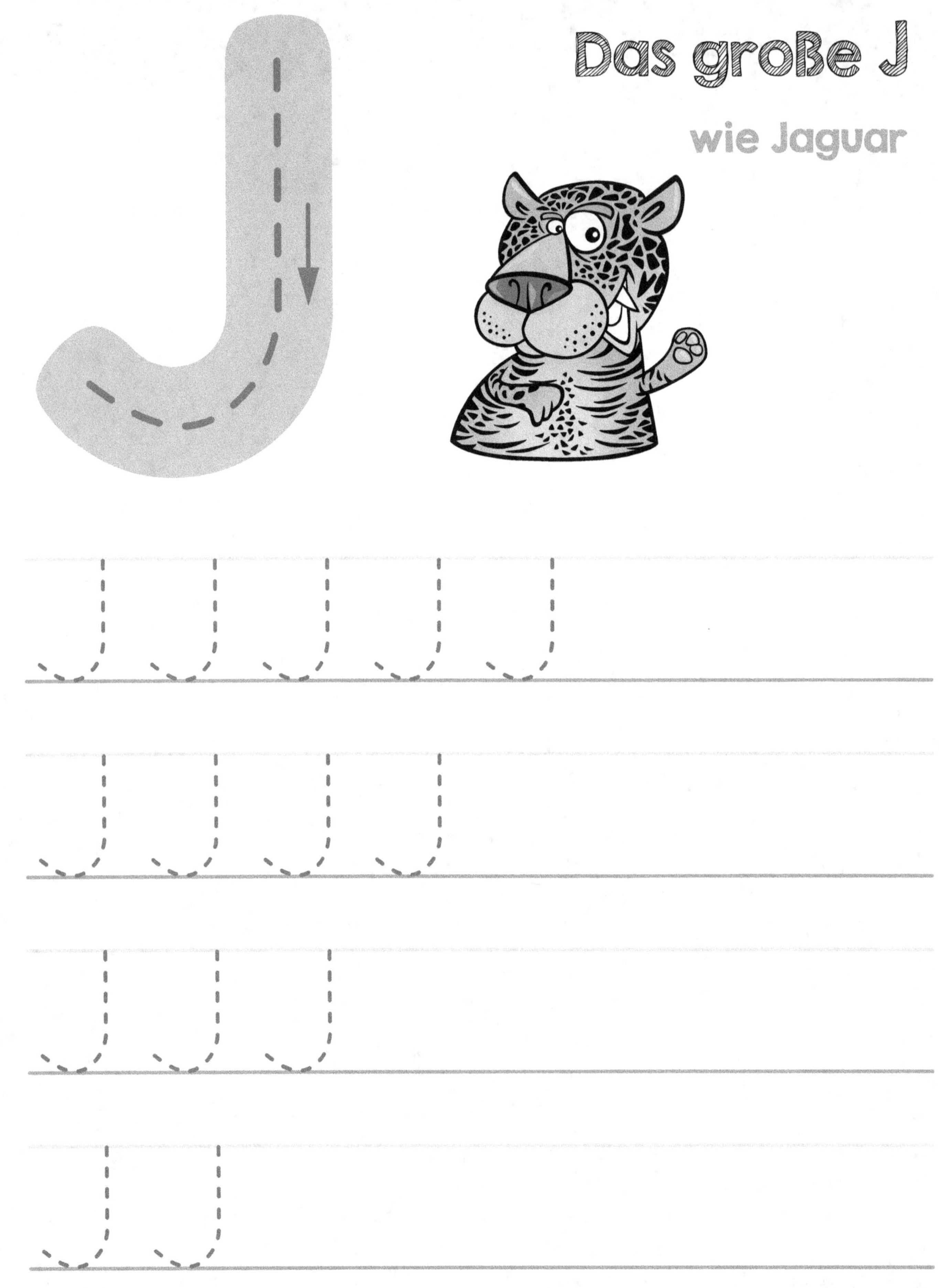

Das große J
wie Jaguar

Das kleine j

Das große K

wie Känguru

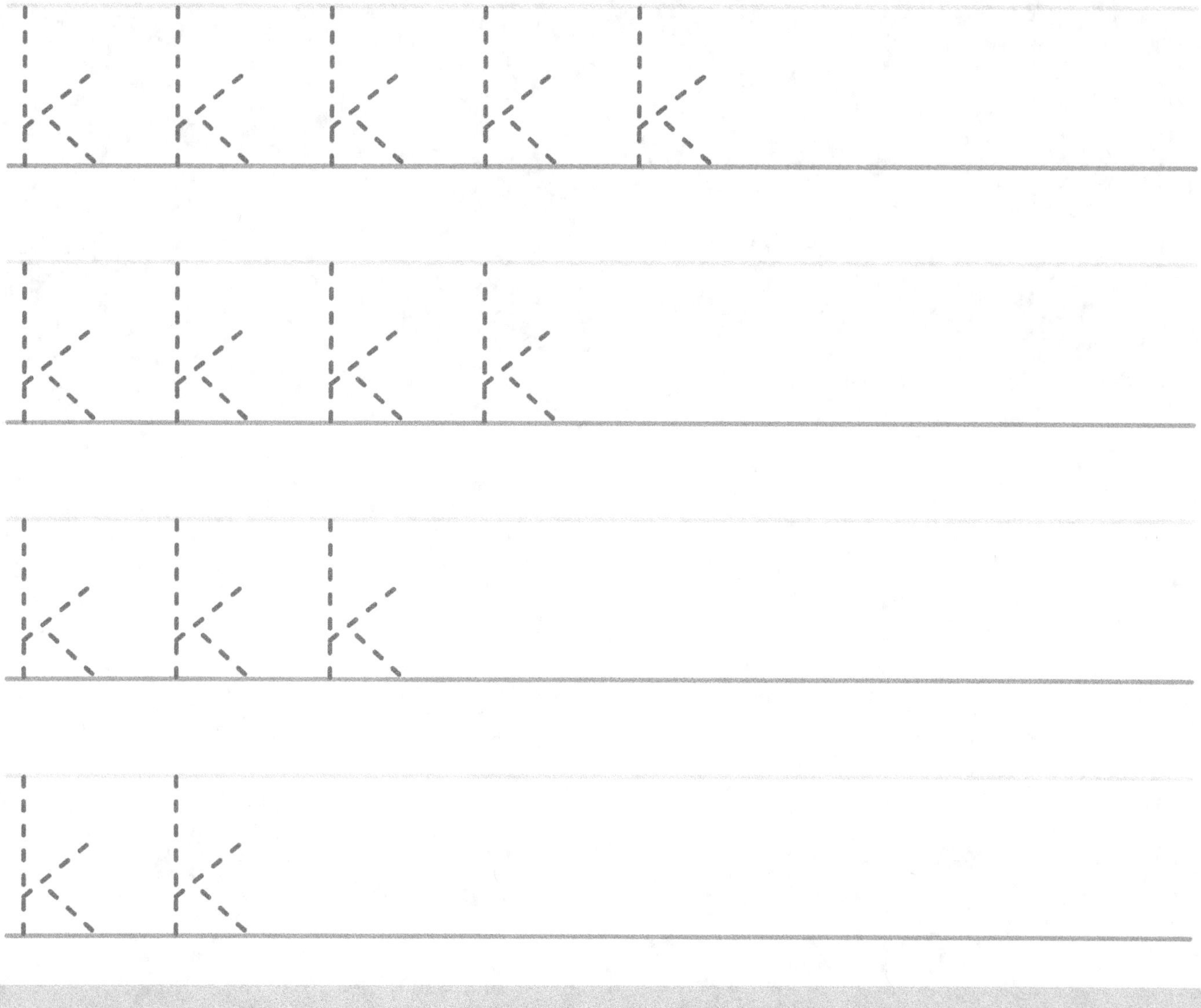

wie Löwe

Das kleine l

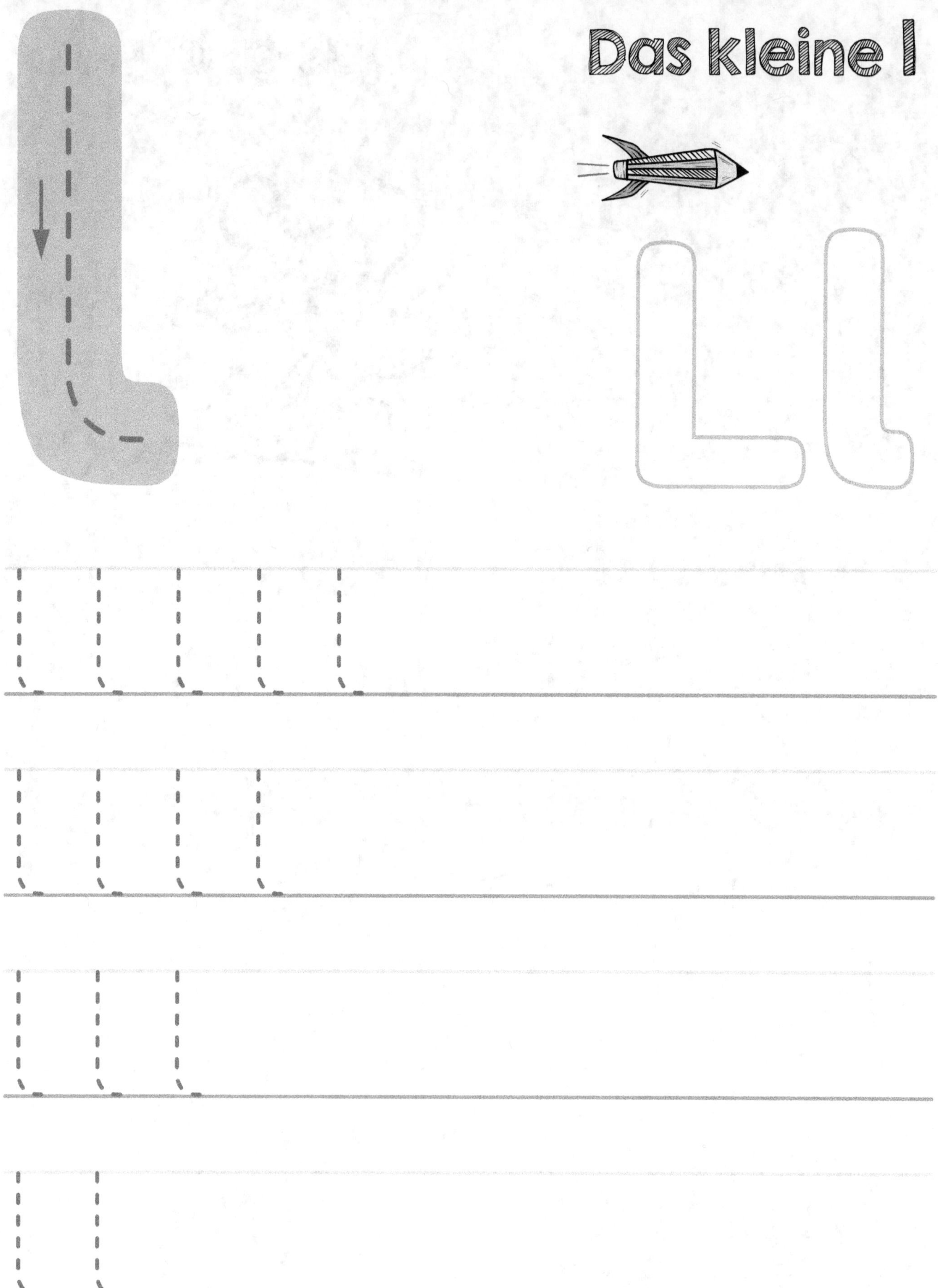

Das große M
wie Maus

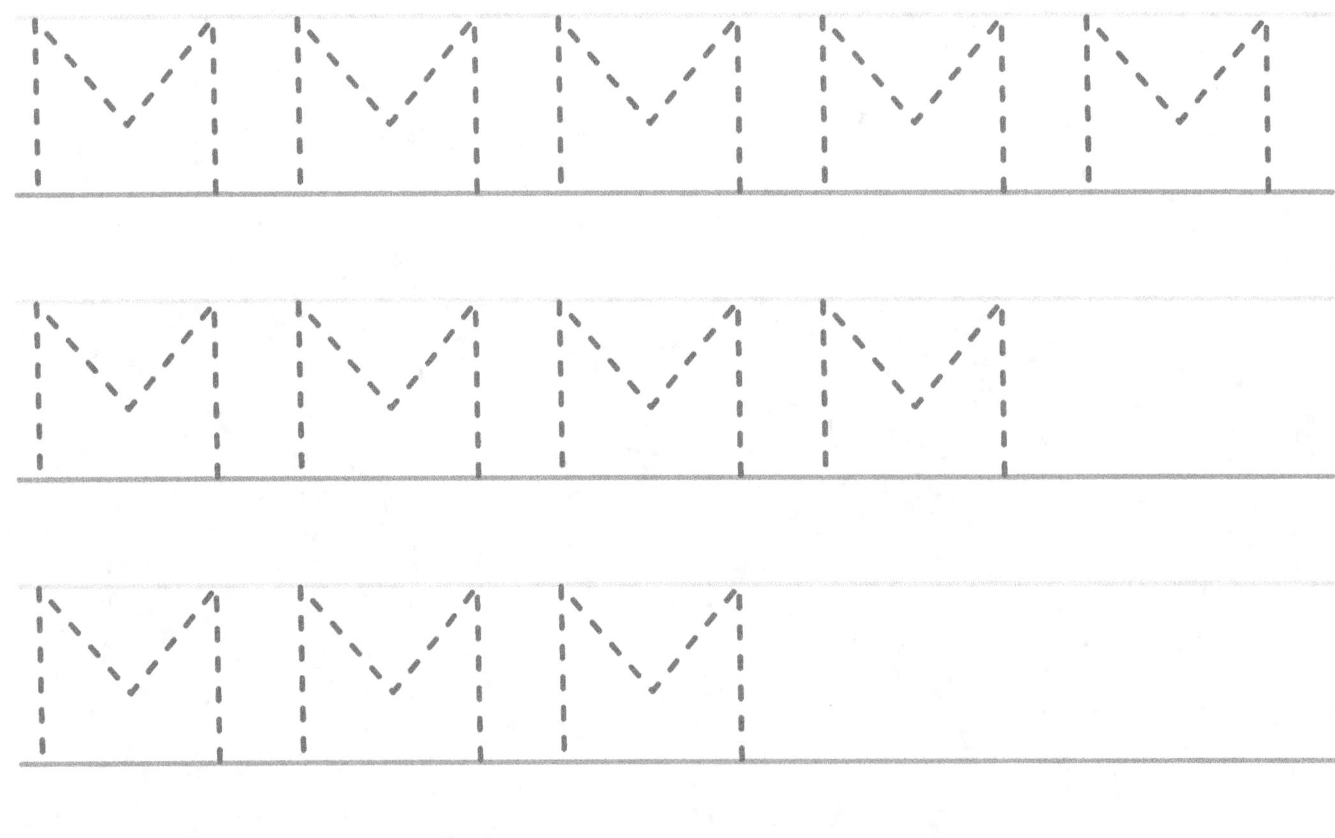

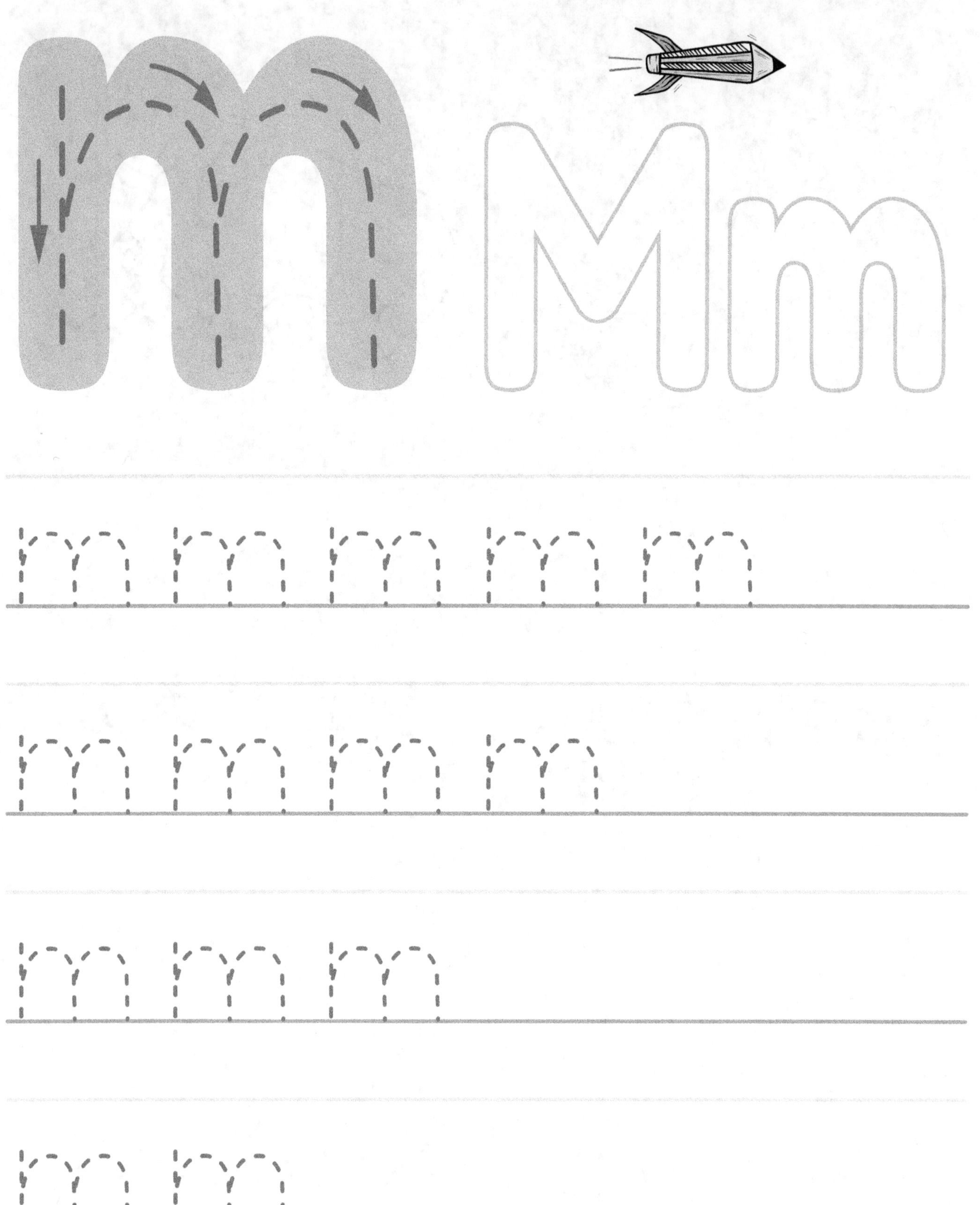

m m m m m m

m m m m m

m m m

m m

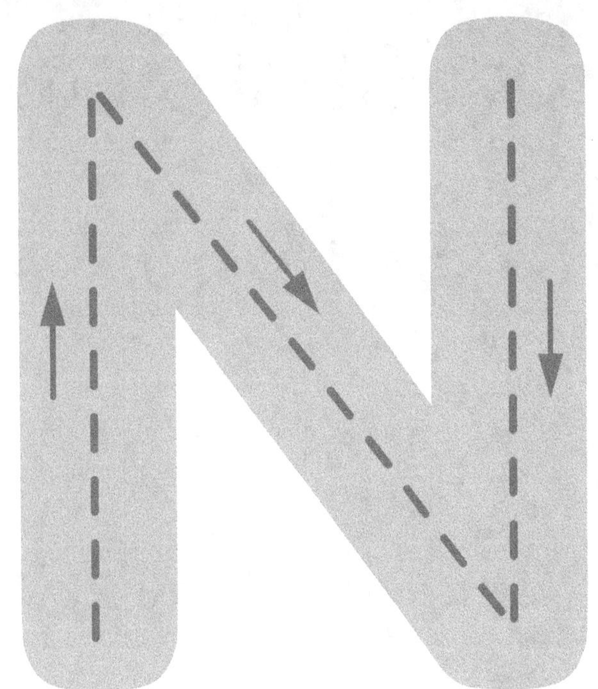

wie Nashorn

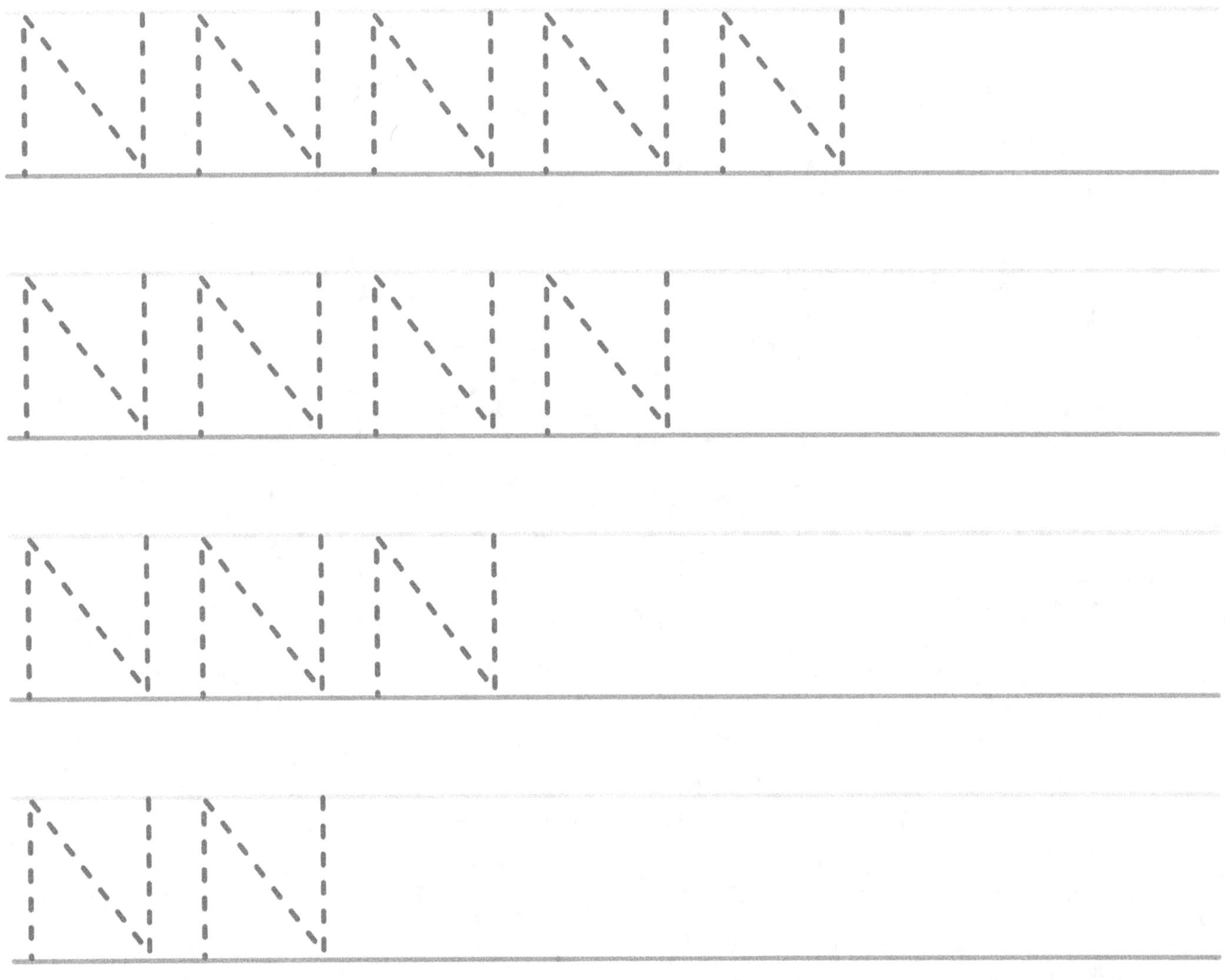

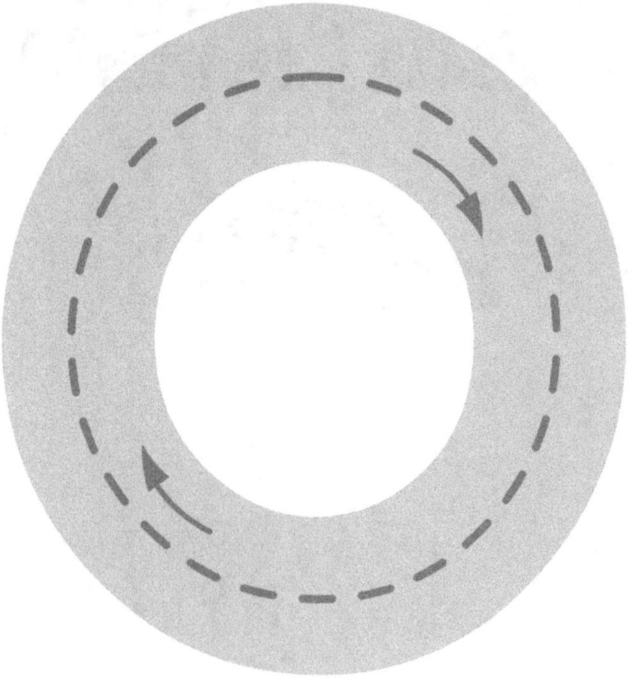

Das große O

wie Otter

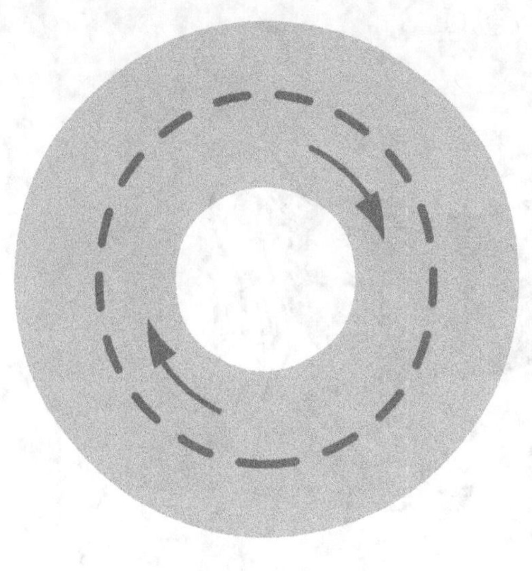

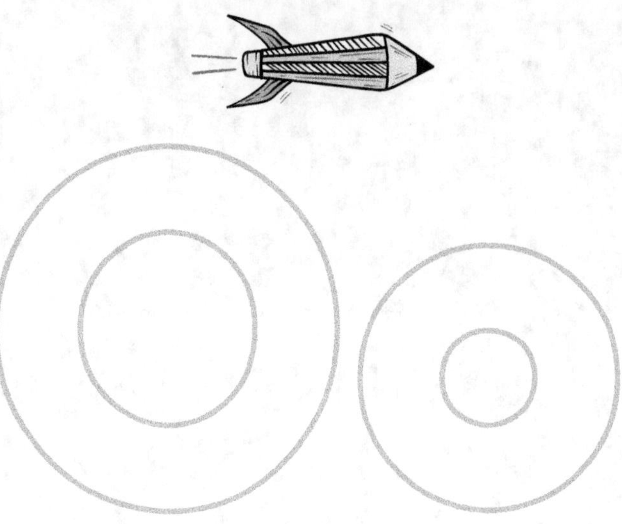

Das große P
wie Pferd

Das kleine p

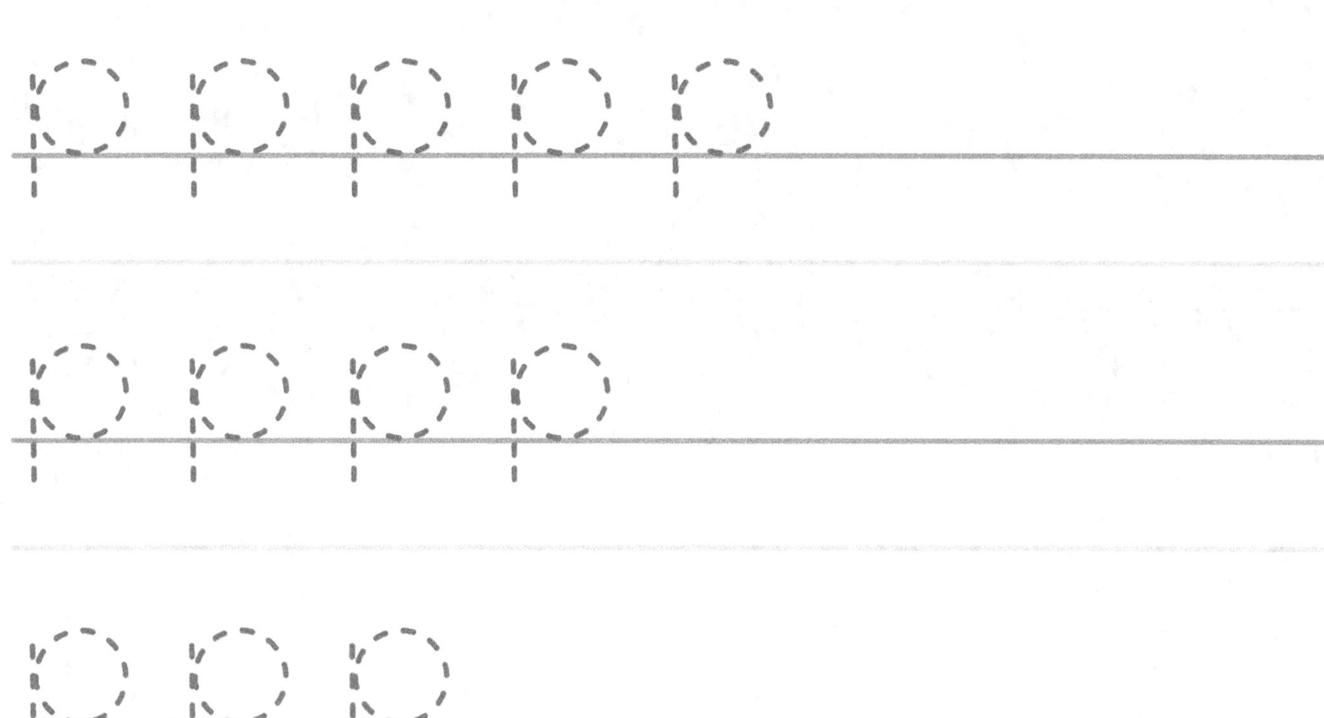

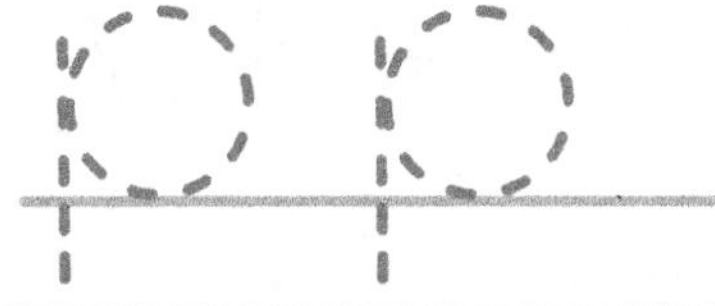

Das große Q
wie Qualle

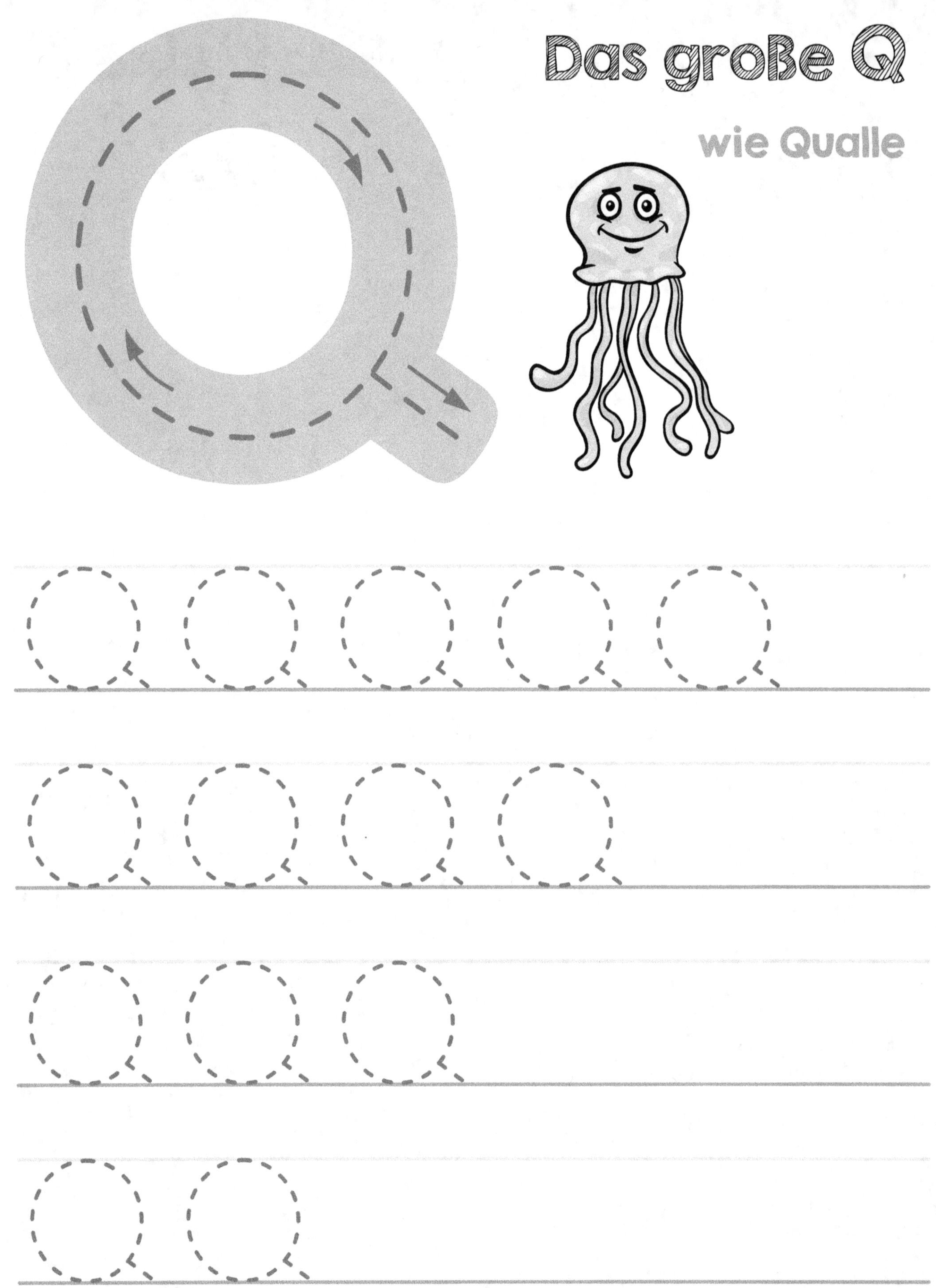

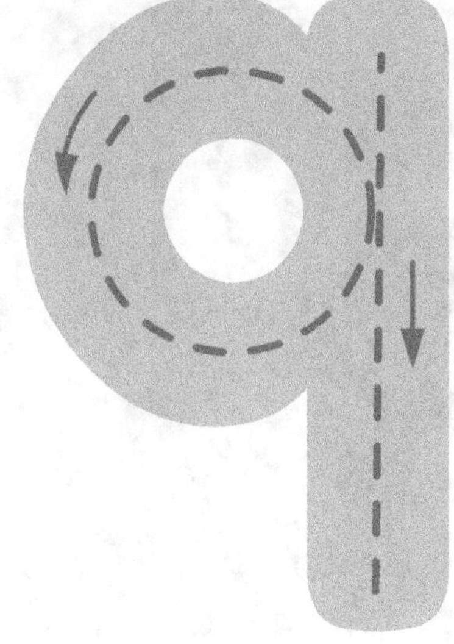

Das große R

wie Reh

R R R R R

R R R R

R R R

R R

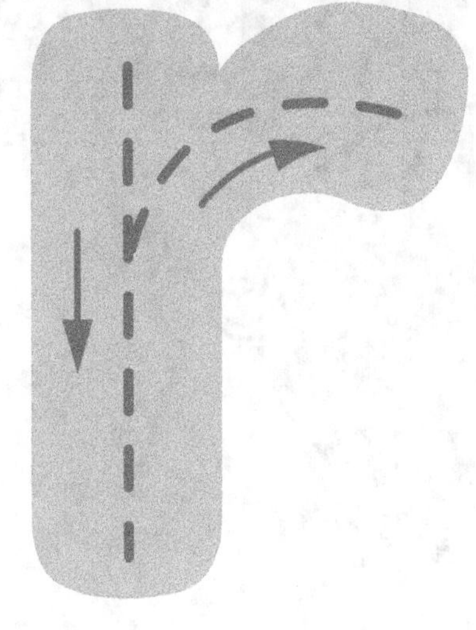

r r r r r

r r r r

r r r

r r

s s s s s

s s s s

s s s

s s

Das große T

wie Tukan

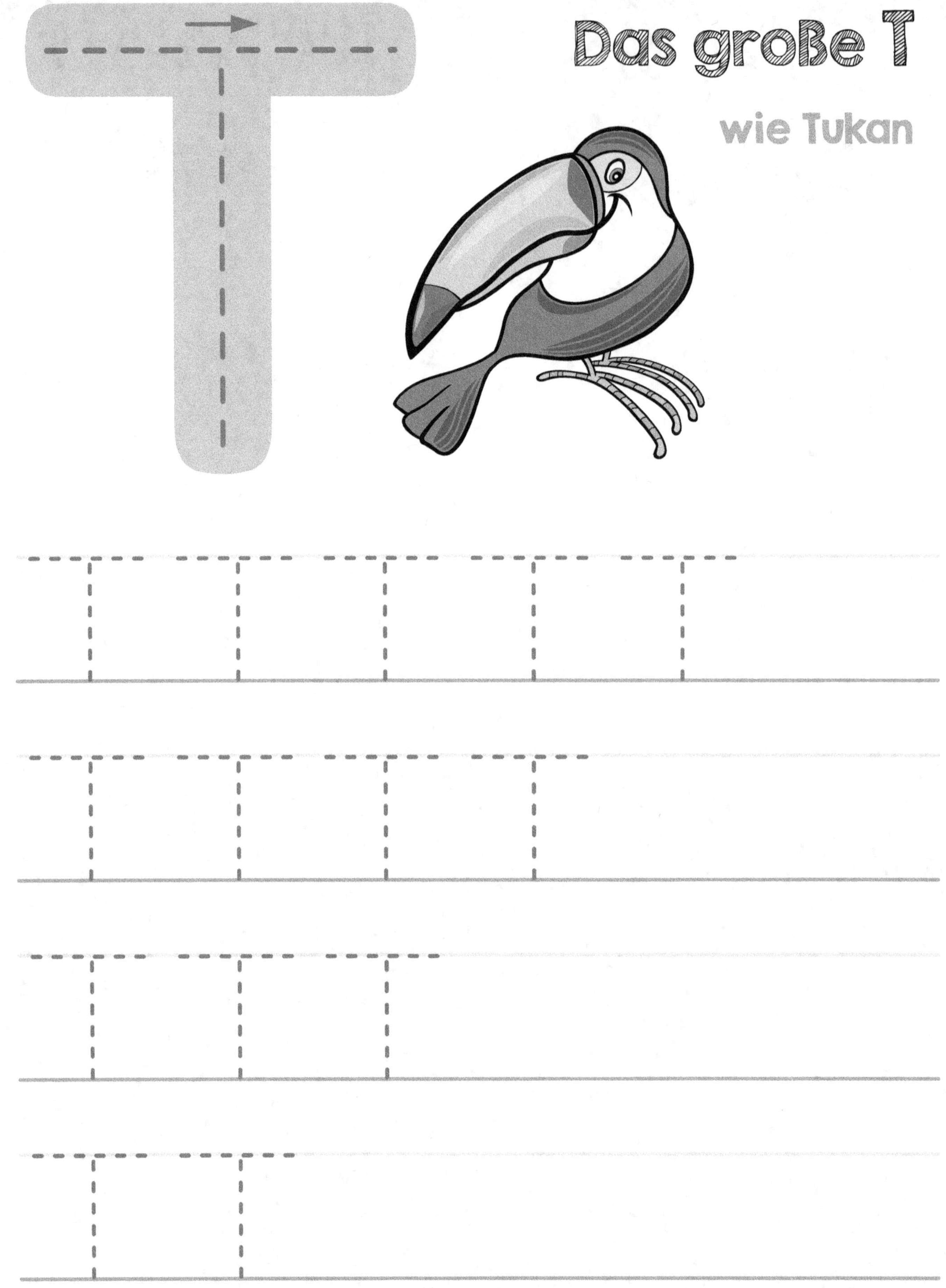

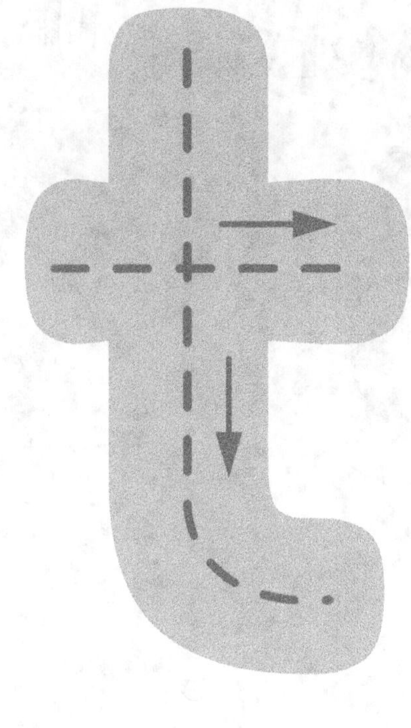

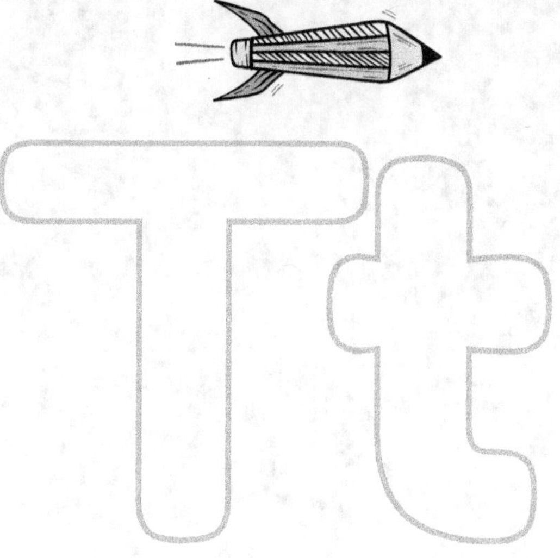

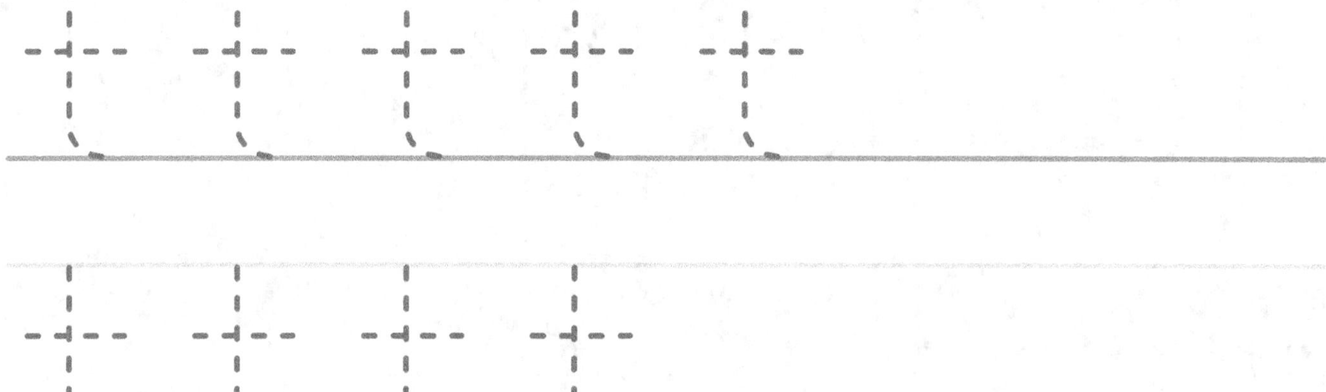

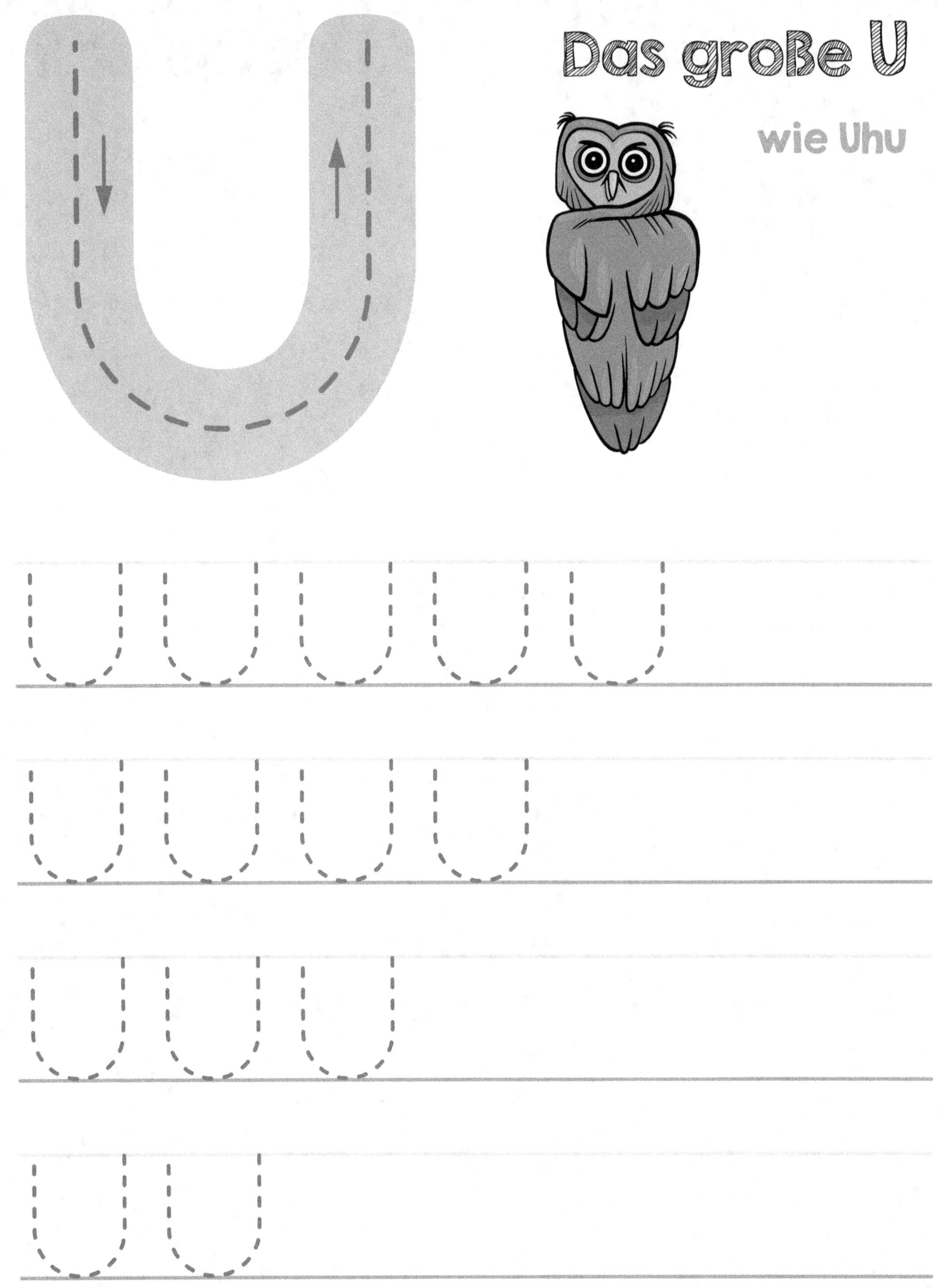

Das große U
wie Uhu

Das kleine U

Das große V
wie Viper

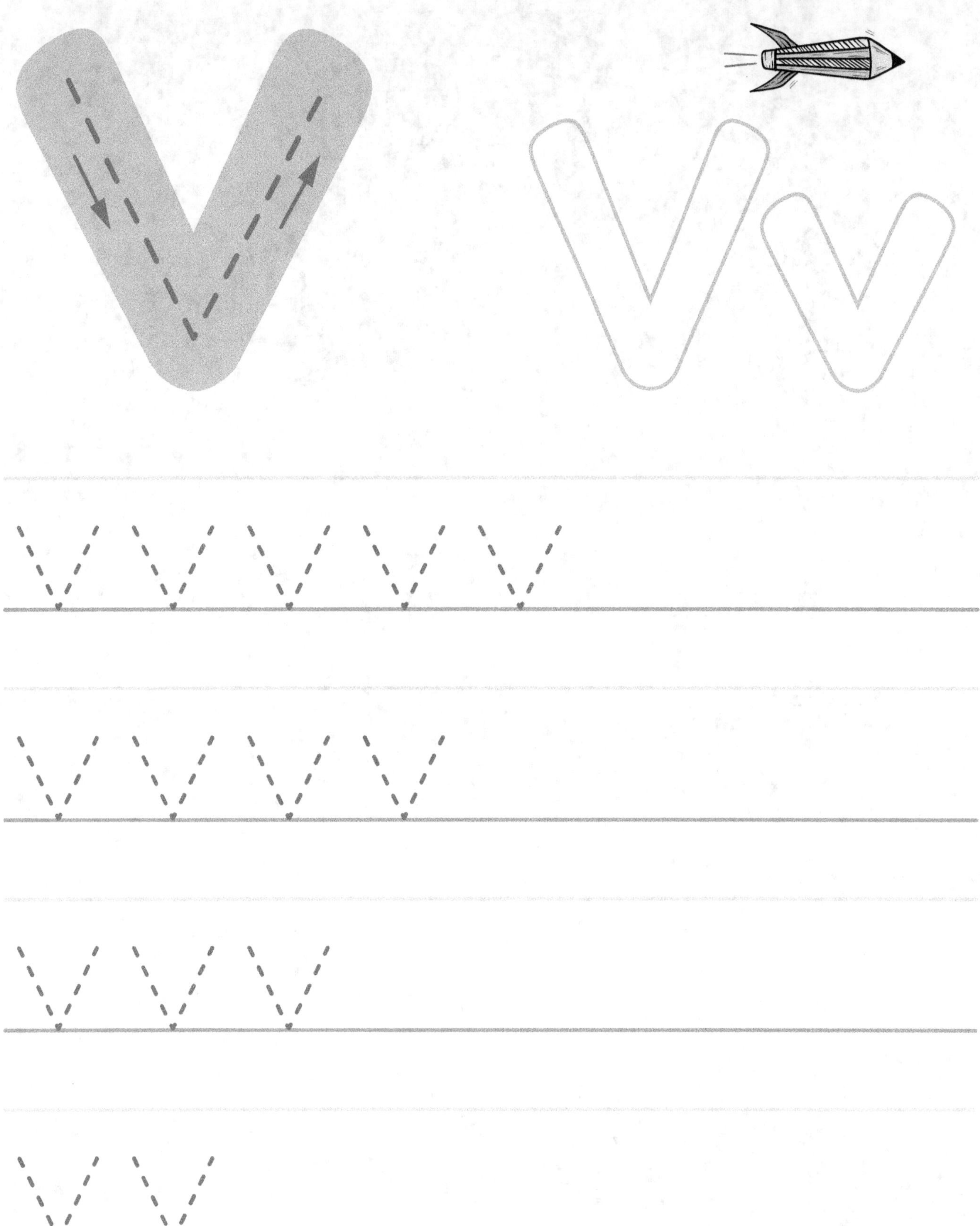

Das große W

wie Walross

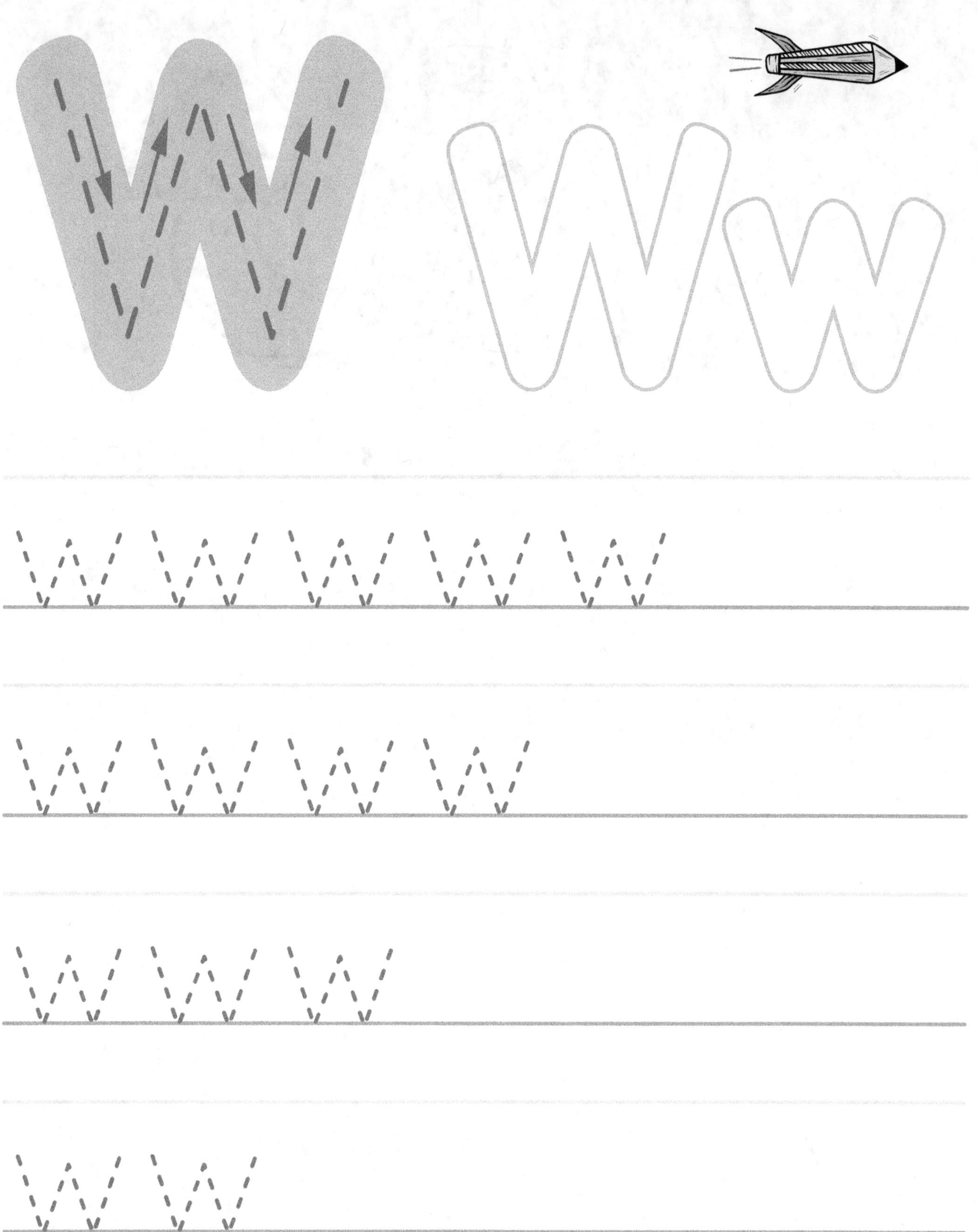

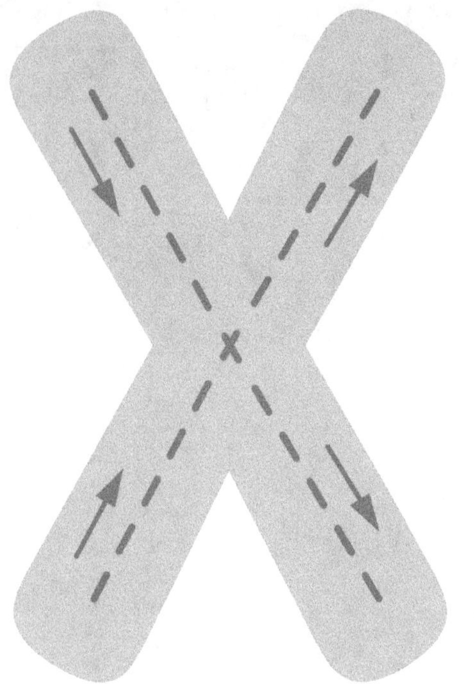

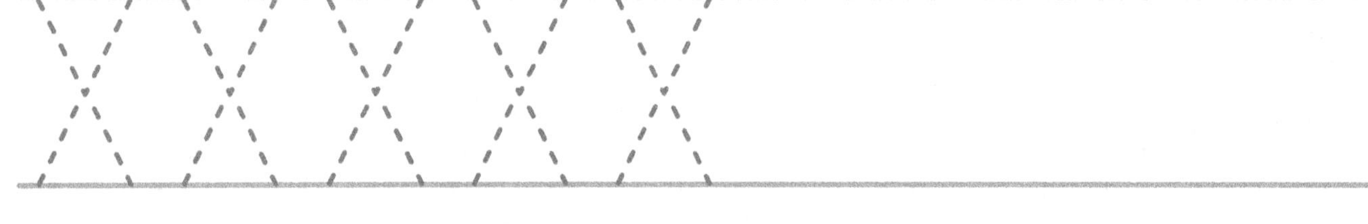

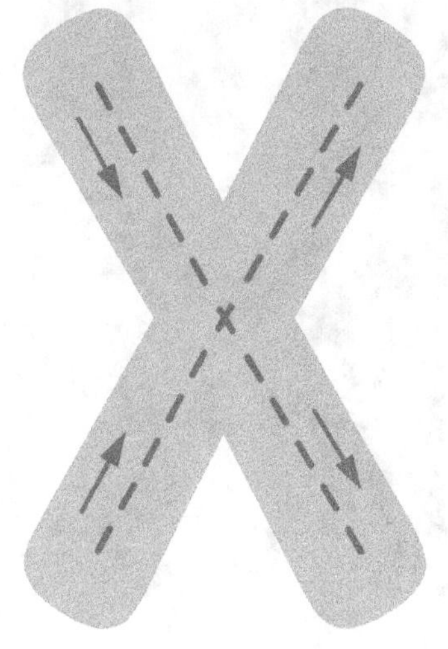

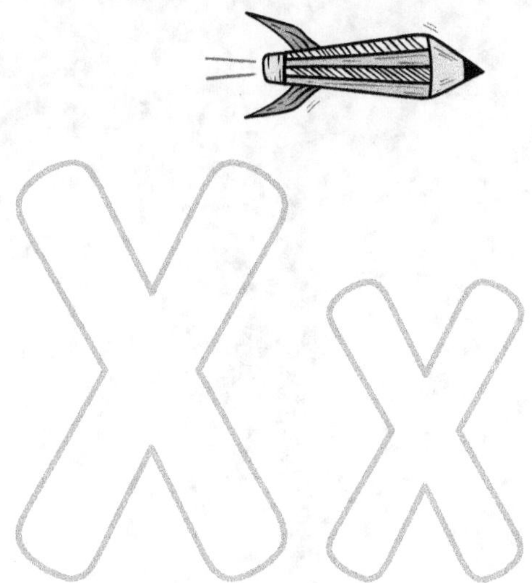

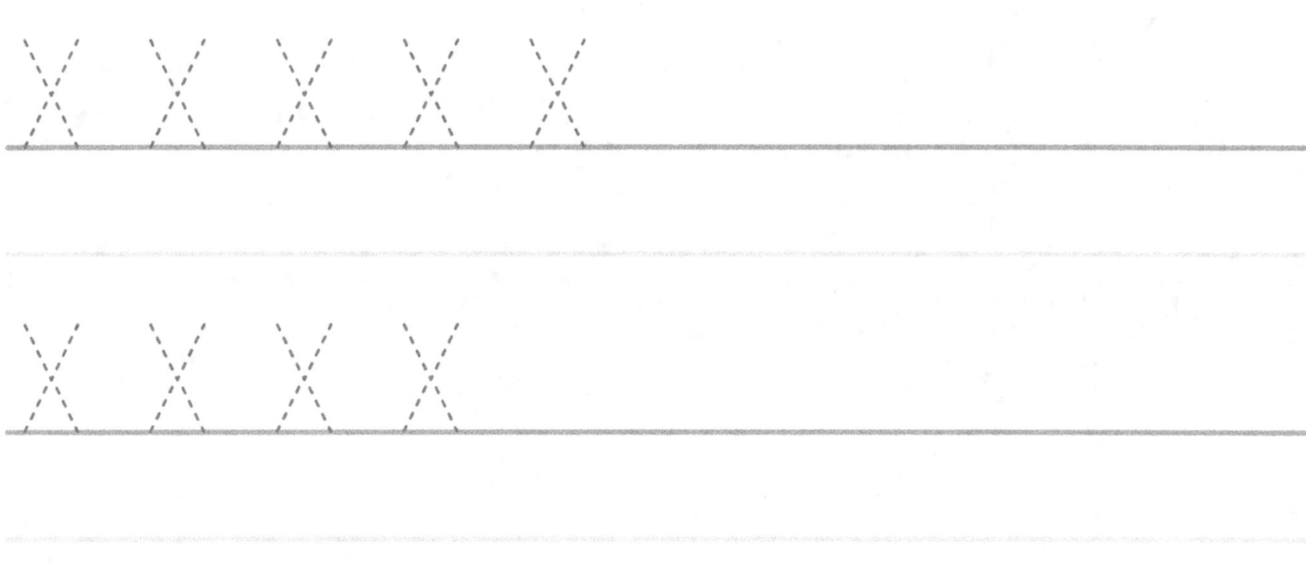

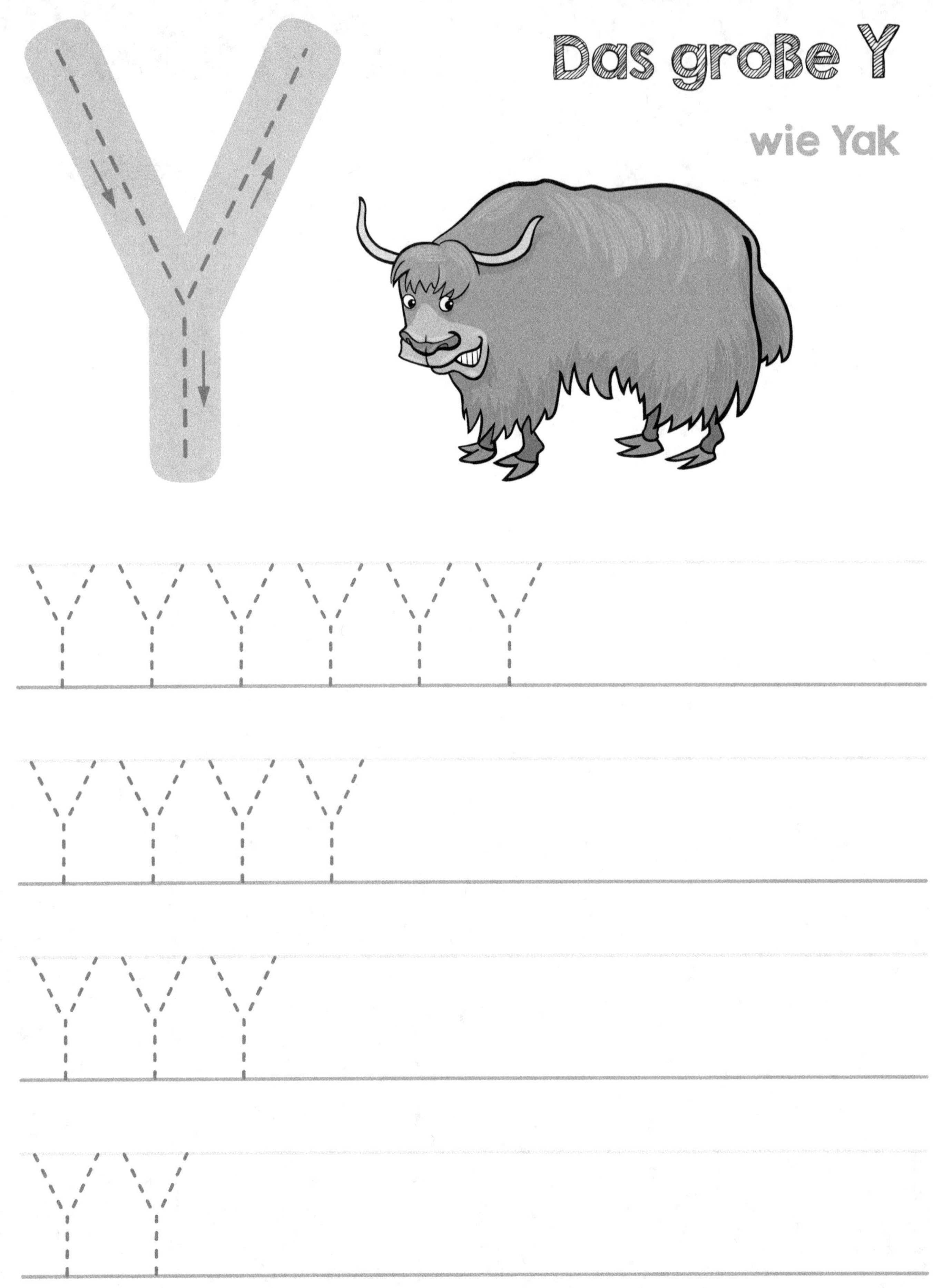

Das große Y
wie Yak

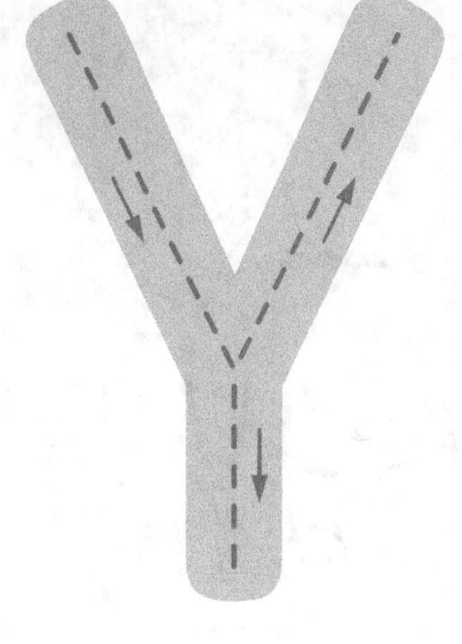

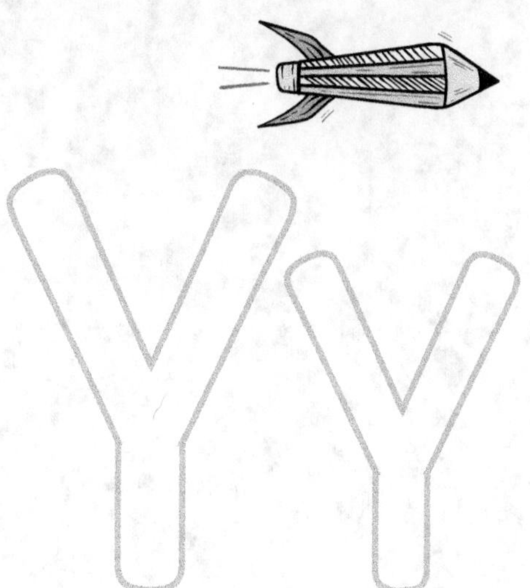

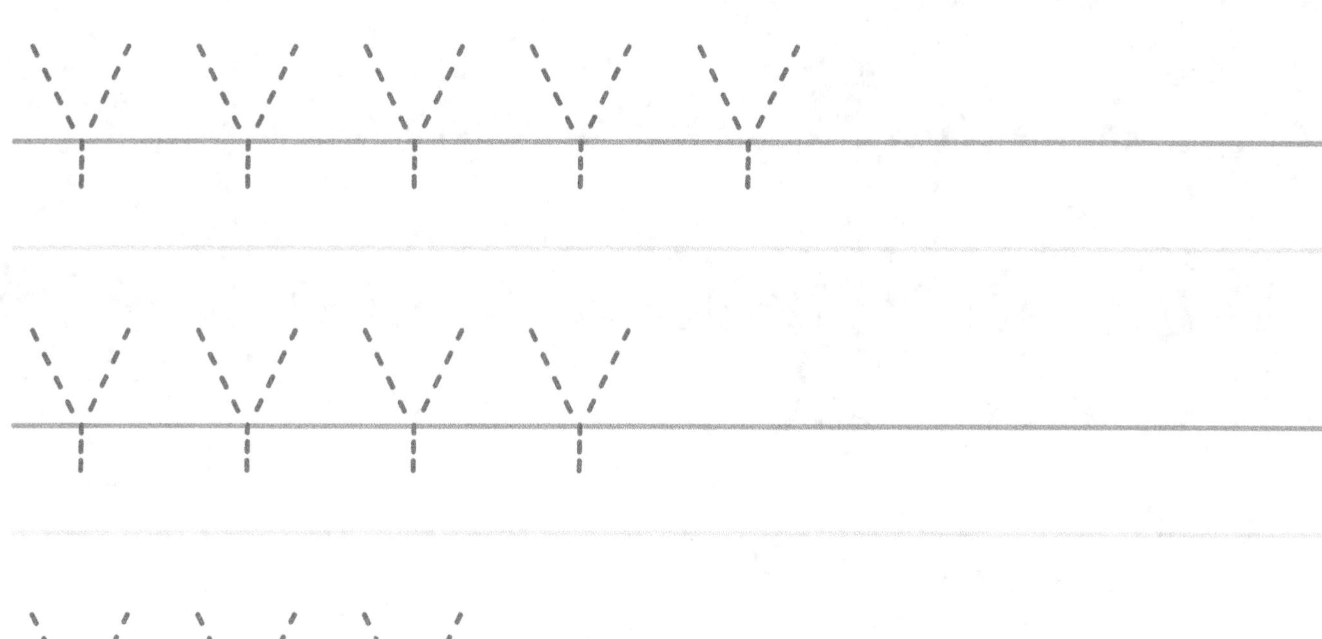

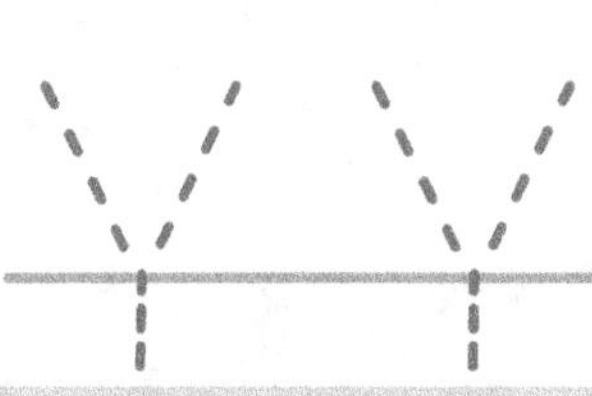

Das große Z
wie Ziege

1

2

3

4

4 4 4 4 4 4 4

4

4

4

5

5 5 5 5 5 5 5 5

5 5 5 5 5 5 5 5

6

7

8

8 8 8 8 8 8 8 8

8 8 8 8 8 8 8 8

8

9

9 9 9 9 9 9 9 9

9 9 9 9 9 9 9 9

9

Finde die Nummer

Male alle Felder aus,
in denen du eine 1 entdeckst.

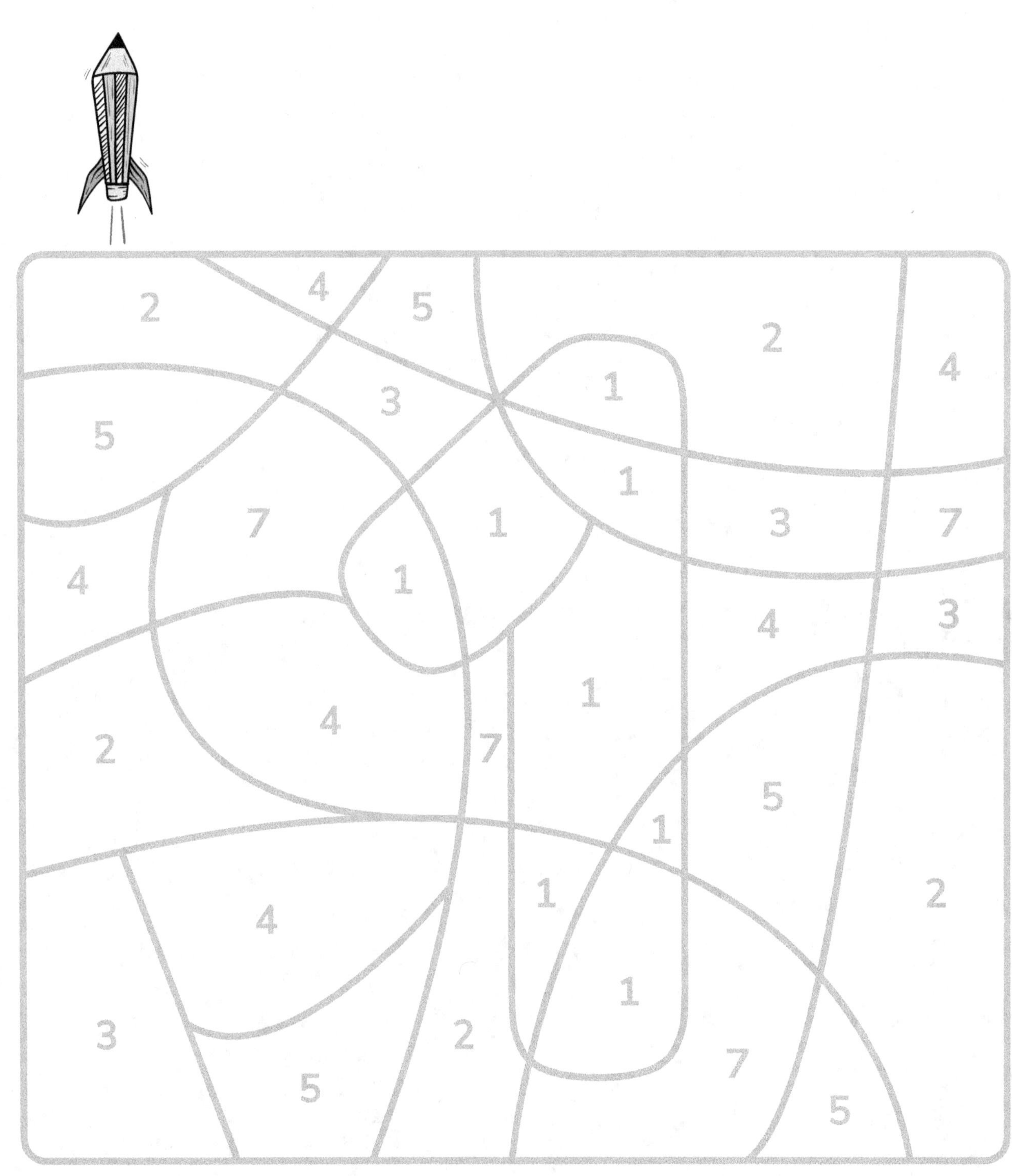

Finde die Nummer

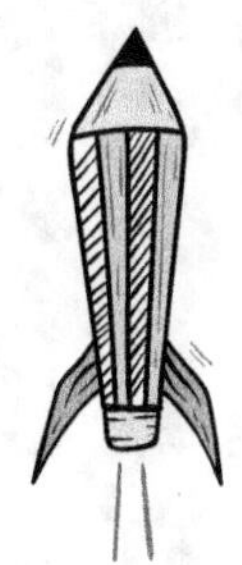

Finde die Nummer

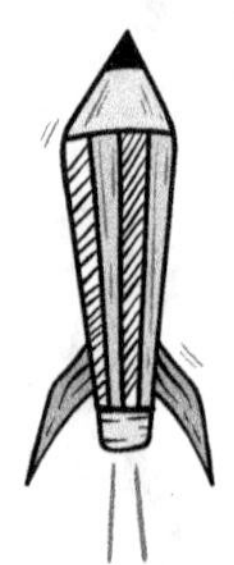

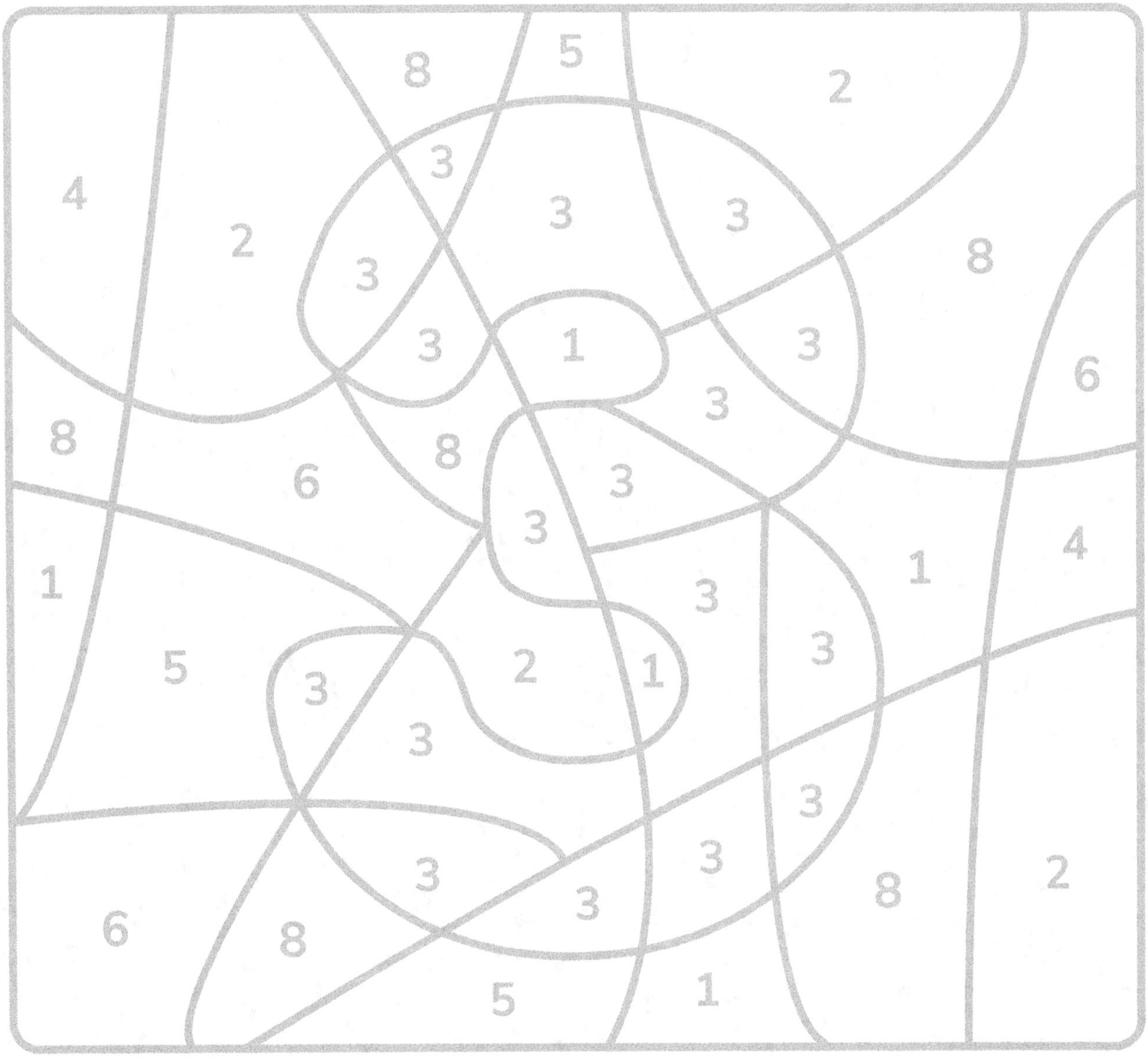

Finde die Nummer

Male alle Felder aus,
in denen du eine 4 entdeckst.

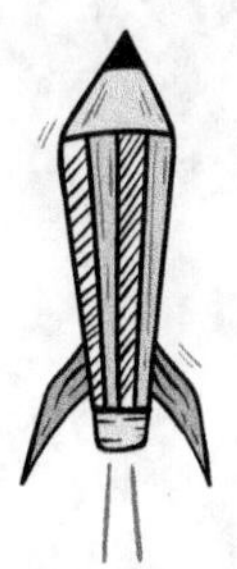

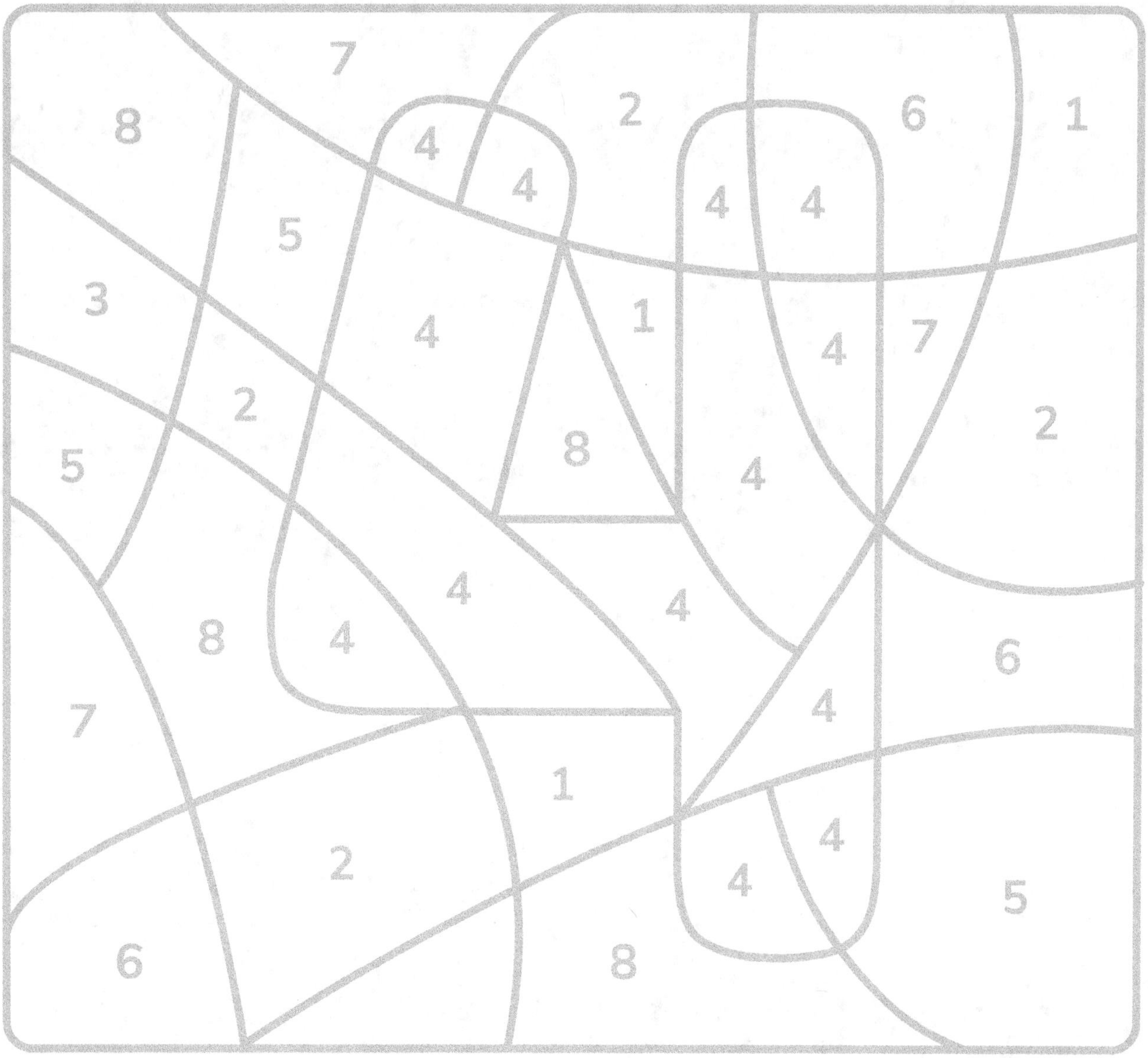

Finde die Nummer

Male alle Felder aus, in denen du eine 5 entdeckst.

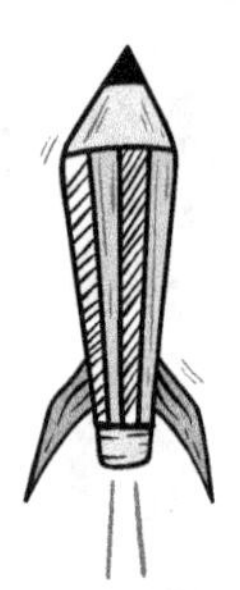

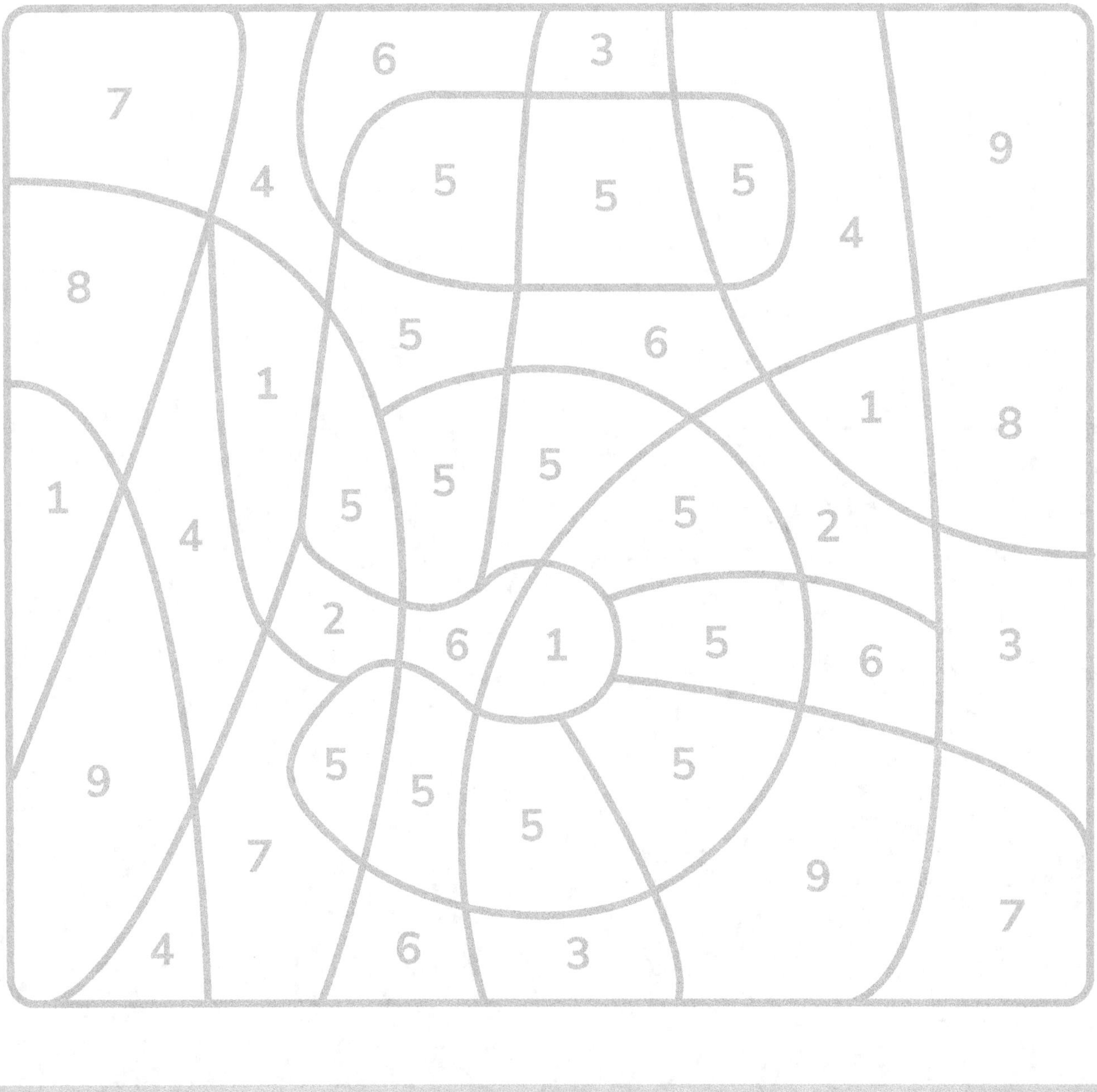

Finde die Nummer

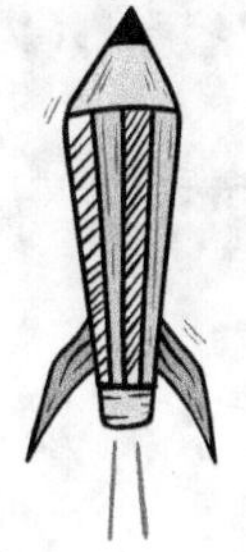

**Male alle Felder aus,
in denen du eine 6 entdeckst.**

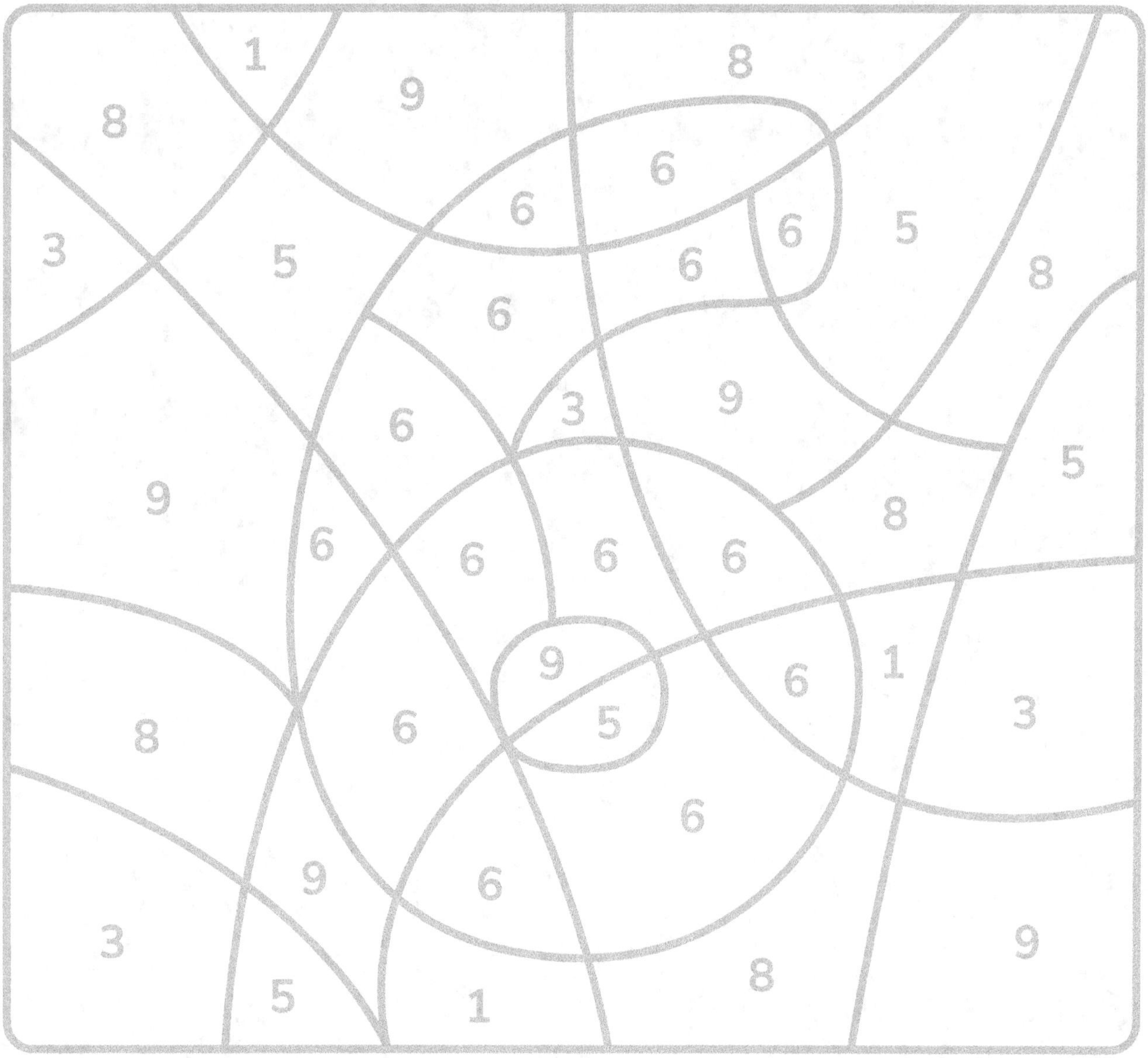

Finde die Nummer

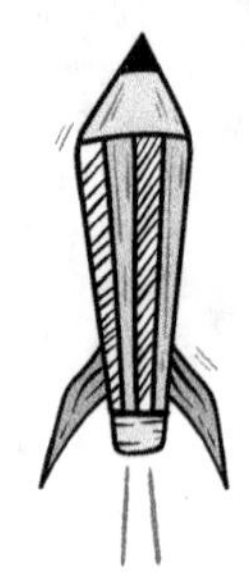

Male alle Felder aus,
in denen du eine 7 entdeckst.

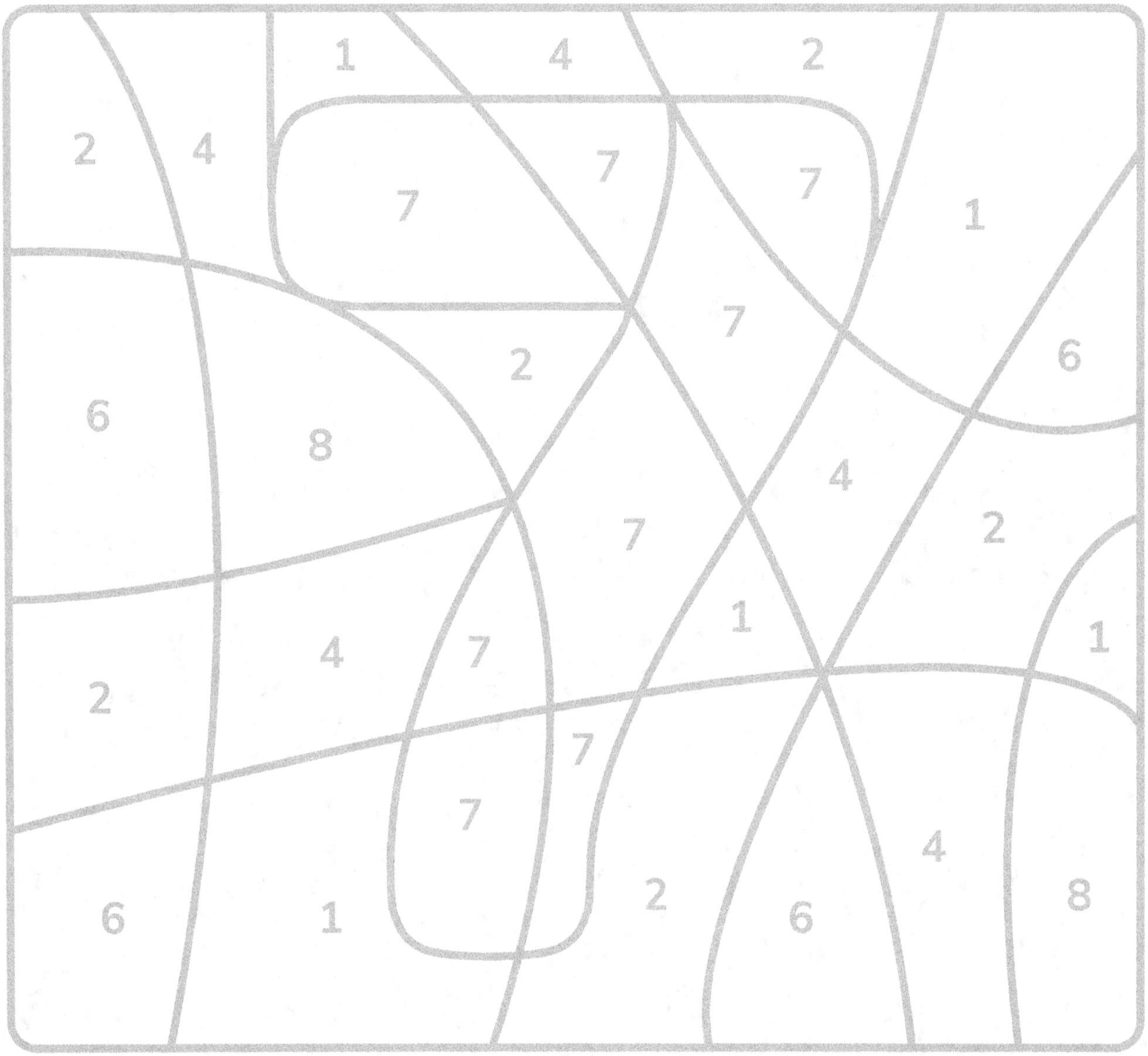

Finde die Nummer

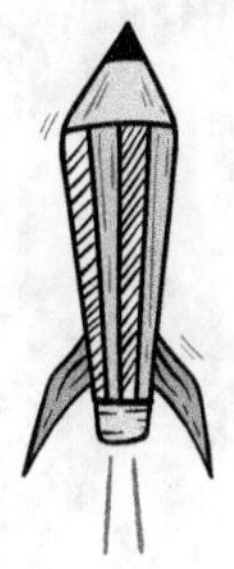

**Male alle Felder aus,
in denen du eine 8 entdeckst.**

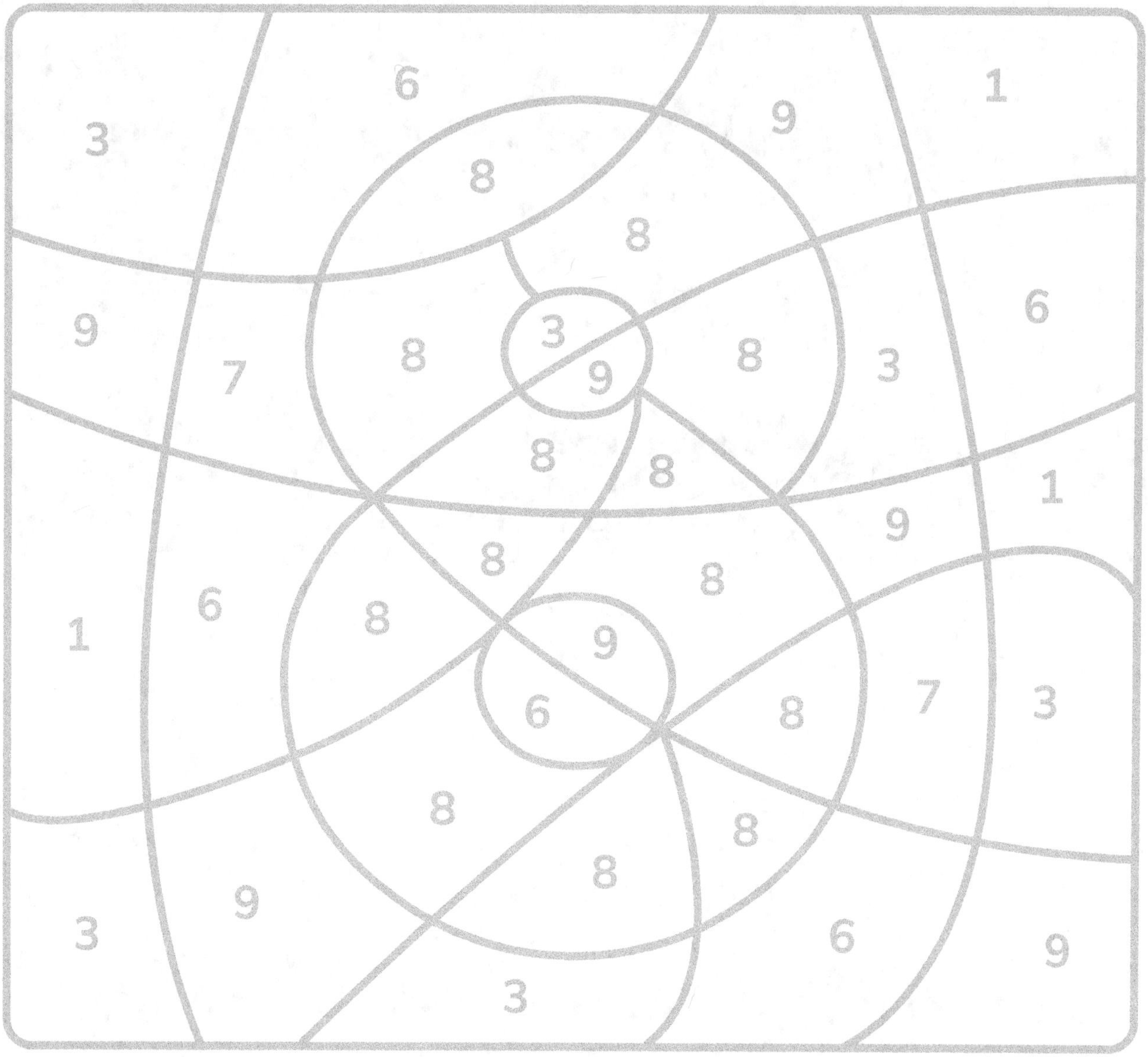

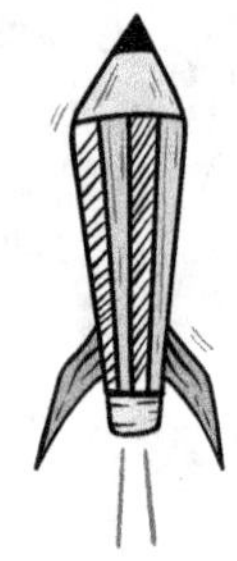

Finde die Nummer

Male alle Felder aus, in denen du eine 9 entdeckst.

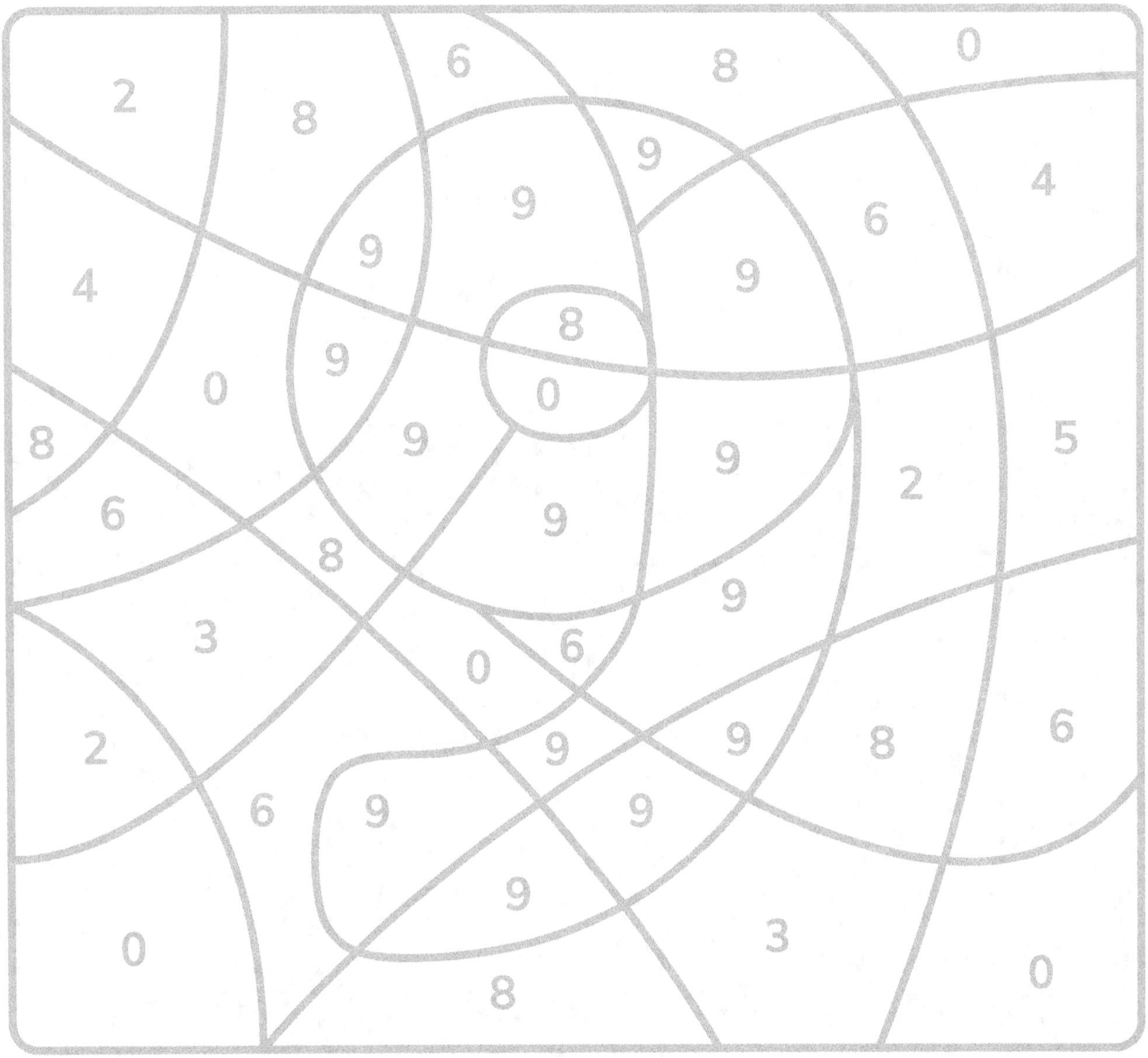

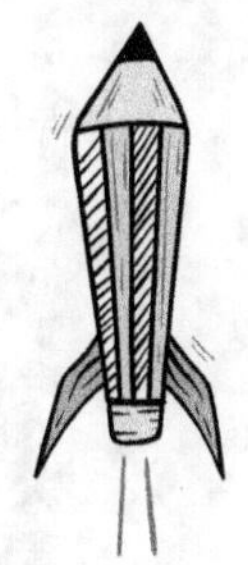

Finde die Nummer

Male alle Felder aus, in denen du eine 0 entdeckst.

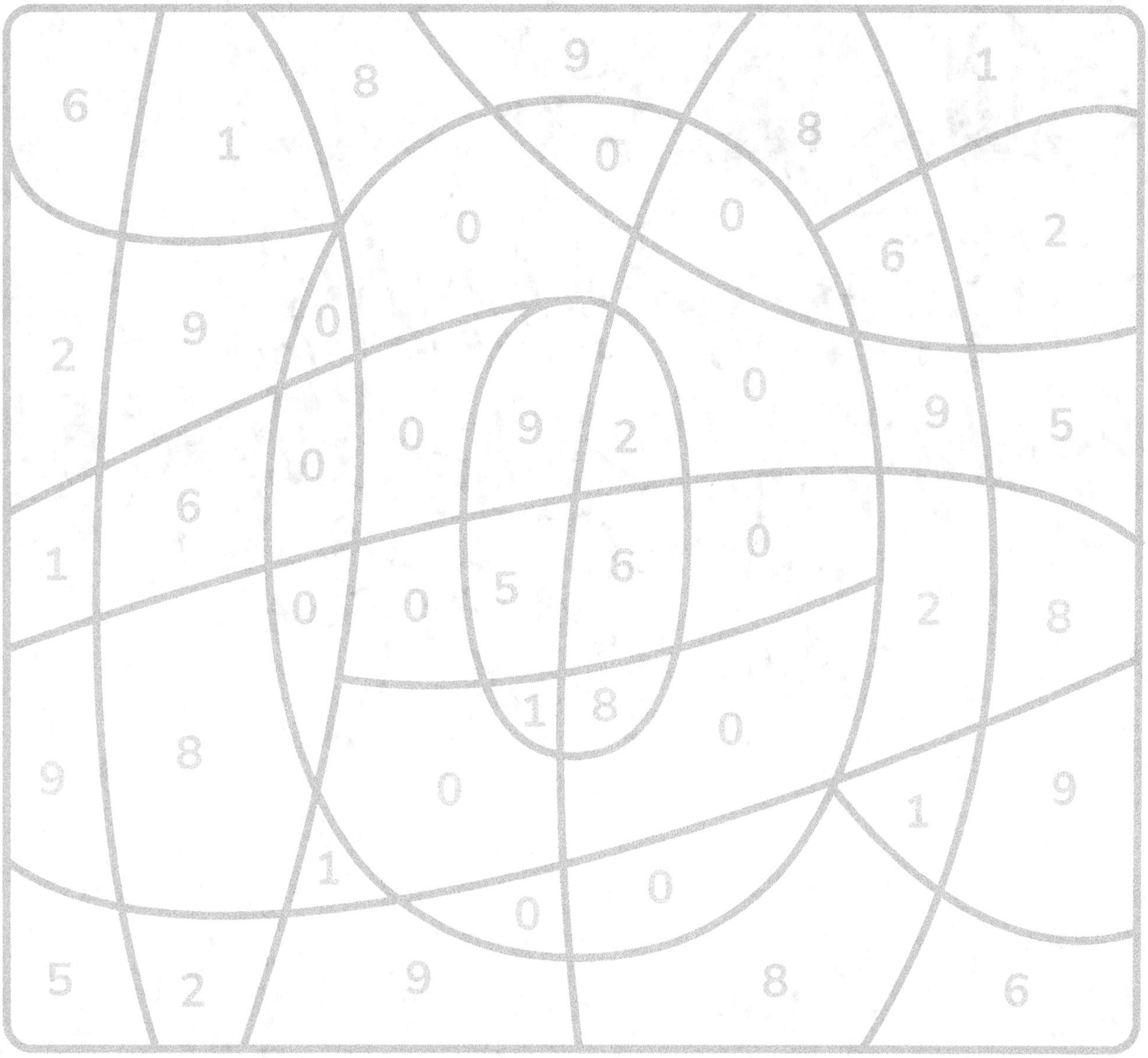

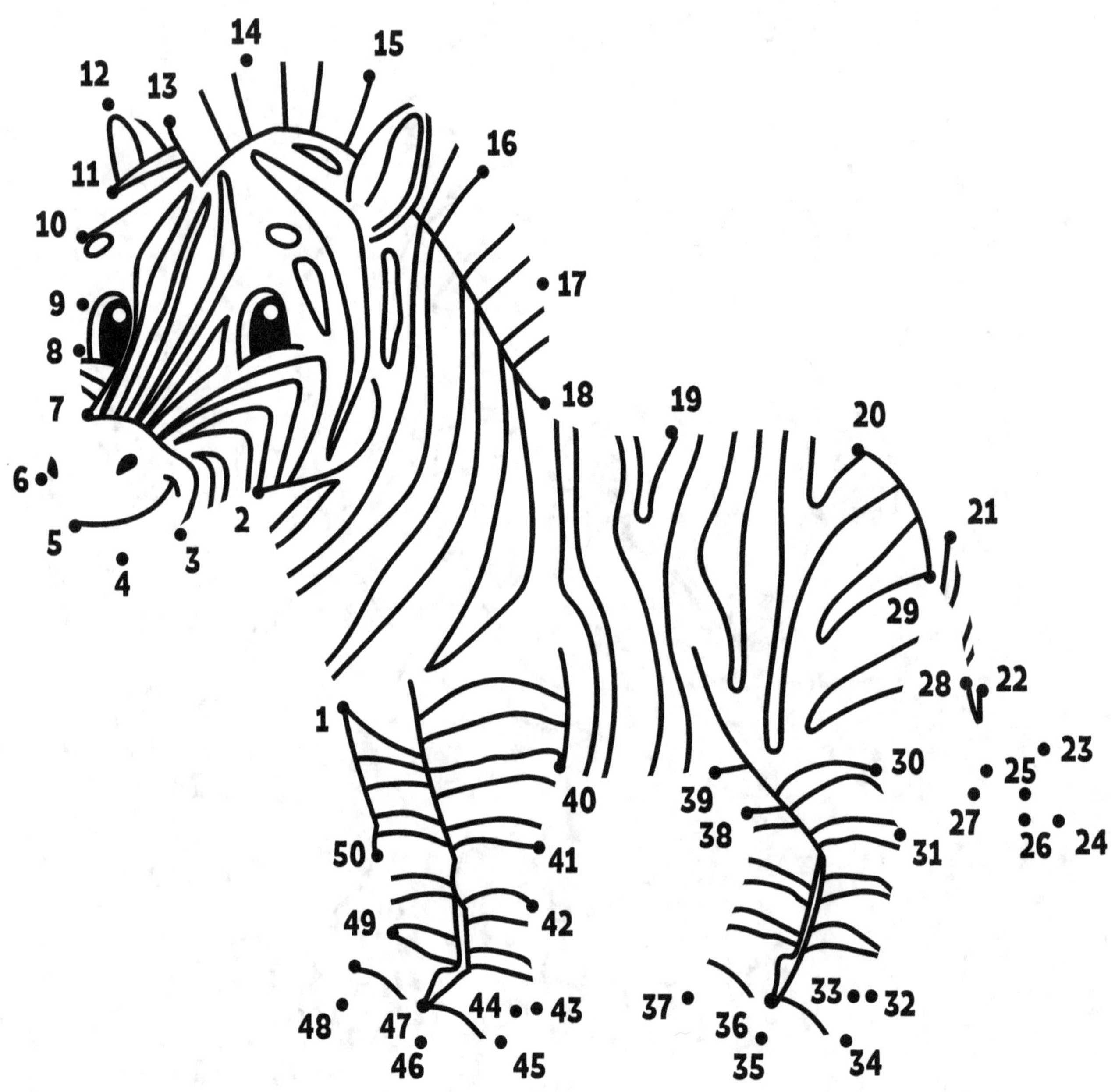

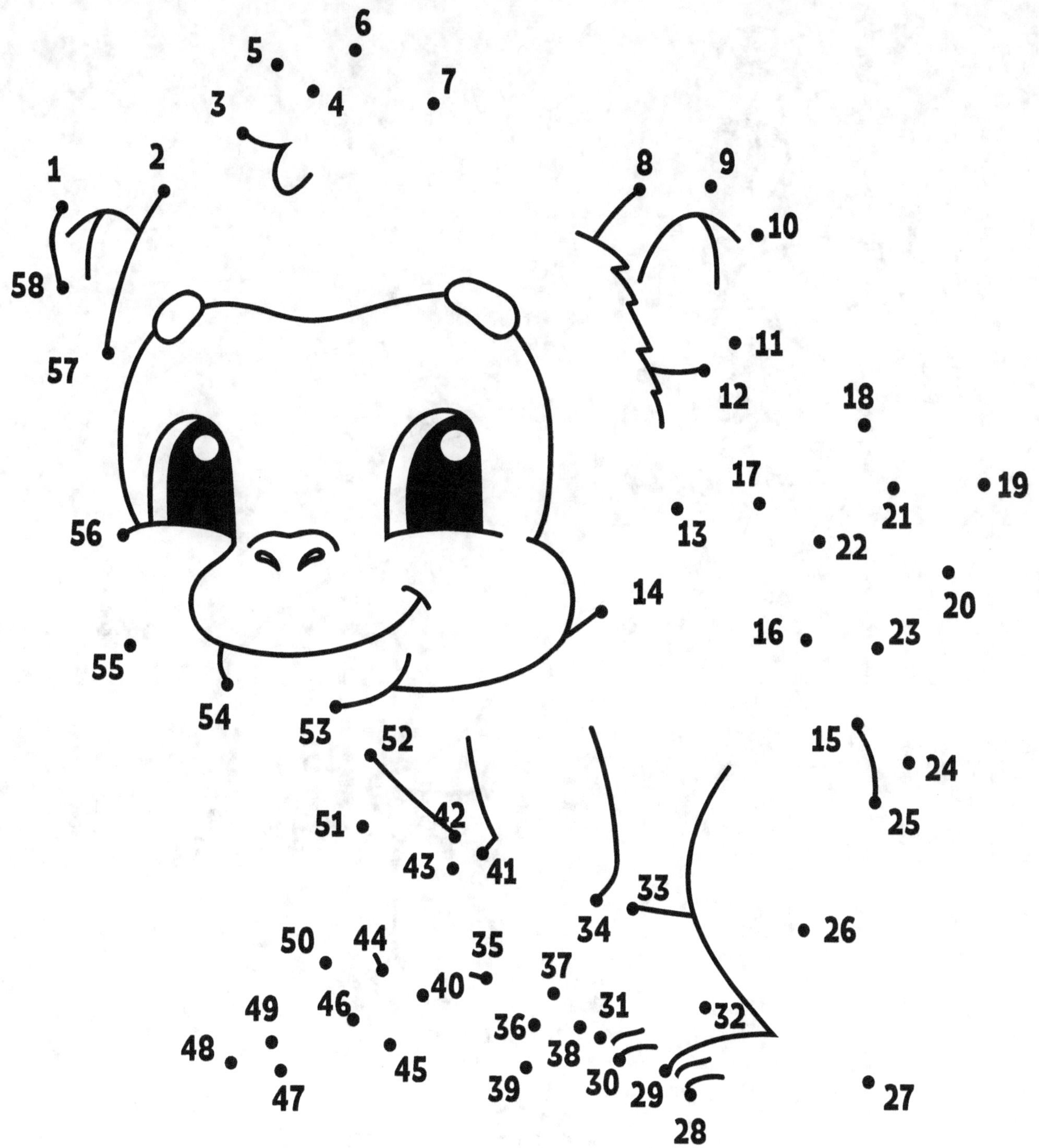

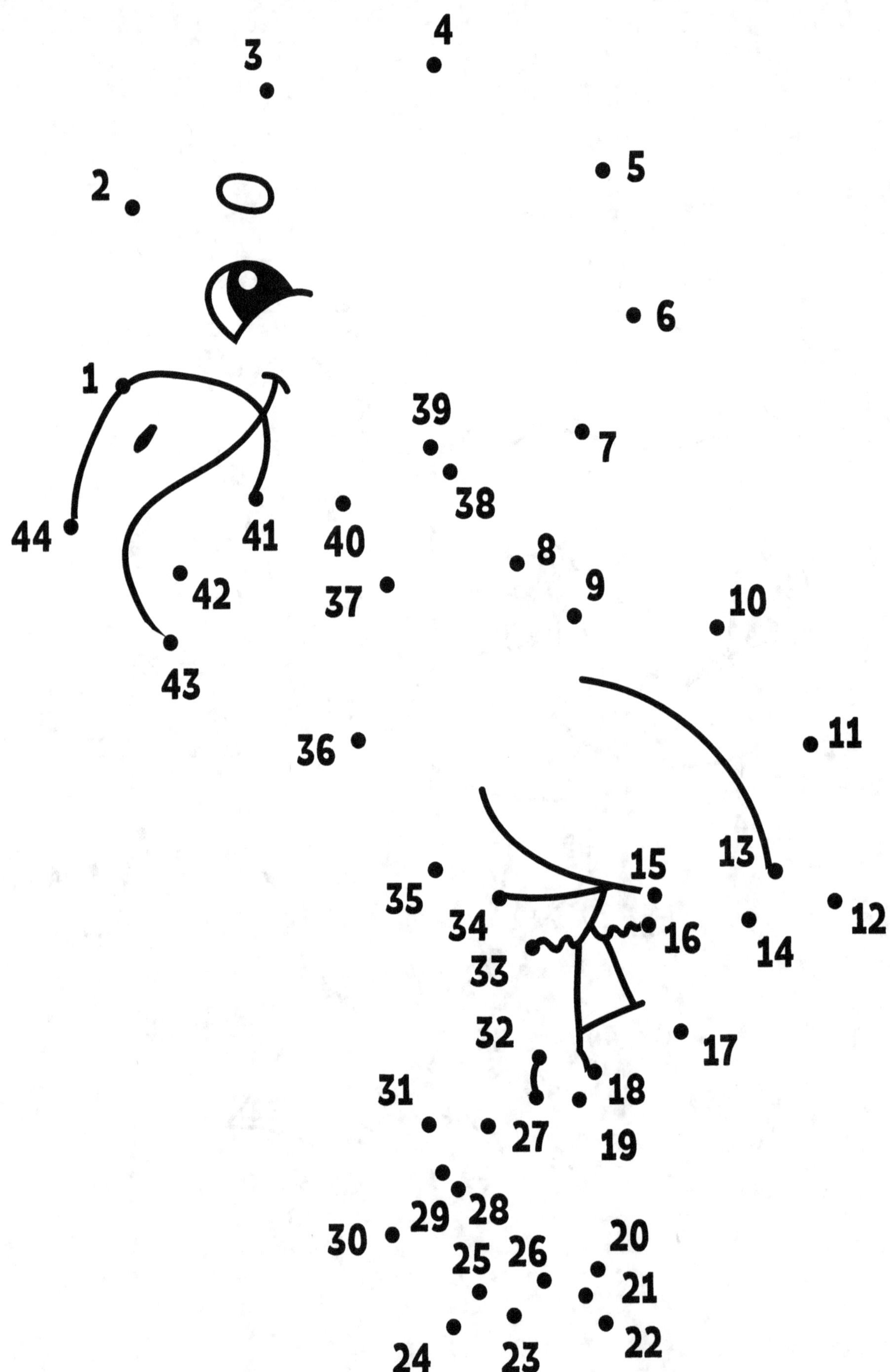

A	M	G	N	Q	S	R	V	E	V	X	W	J	T
Y	G	E	S	U	N	D	V	H	P	H	H	K	W
P	A	R	W	H	D	D	W	H	V	O	R	R	N
I	V	O	G	E	L	O	U	E	G	H	B	B	B
V	U	F	B	N	X	M	U	M	M	V	N	B	S
M	B	L	Ü	T	E	N	G	E	Z	A	L	L	E
G	J	Q	M	L	X	H	J	I	H	N	C	L	A
W	V	L	N	X	L	G	K	N	L	Y	C	L	L
I	Y	S	D	K	Z	A	C	E	A	J	B	I	K
R	S	V	A	S	E	D	K	N	O	U	U	E	B
V	C	H	U	P	U	O	O	J	J	N	F	B	Q
N	B	J	U	E	V	A	P	E	A	G	N	E	F
E	H	P	K	L	E	I	N	L	T	E	B	N	T
U	X	E	O	I	C	K	B	J	G	T	W	E	R

Wortsuchrätsel 'I' (leicht)

1 ALLE   2 VOGEL   3 LIEBEN

4 GESUND   5 BLÜTE   6 NEU

7 JUNGE   8 WIR   9 EINEN

10 VOR   11 VASE   12 KLEIN

D	R	A	B	E	X	W	G	S	G	O	S	K	Q
C	Q	B	B	K	X	H	U	C	R	I	G	L	S
B	W	Q	O	M	E	A	Z	H	Z	R	R	O	T
A	W	Q	W	K	X	U	Y	E	Y	X	O	U	A
C	H	L	W	M	W	S	A	I	X	E	Y	K	E
K	W	M	A	I	Q	B	U	N	P	O	V	R	M
E	L	H	R	D	Q	S	I	E	W	N	H	A	O
N	G	R	D	O	C	H	C	N	O	K	D	N	T
F	D	X	W	K	A	P	G	X	A	E	O	K	S
P	V	G	W	K	F	O	O	W	M	L	Q	B	I
T	G	M	Ä	D	C	H	E	N	Z	J	Z	Q	O
O	R	V	Q	U	X	L	H	A	L	Y	N	U	N
E	F	X	U	C	R	Y	W	W	P	M	G	J	O
G	I	P	S	U	C	H	E	N	U	H	K	Q	T

Wortsuchrätsel '2' (leicht)

1. HAUS
2. ROT
3. KRANK
4. NUN
5. RABE
6. BACKEN
7. DOCH
8. SCHEINEN
9. SUCHEN
10. MÄDCHEN
11. ONKEL
12. MAI

R	T	O	M	A	T	E	T	Y	C	E	N	T	U
Q	I	E	Q	O	T	T	J	M	O	V	S	D	V
M	O	R	D	A	U	G	E	I	R	I	N	G	W
E	Z	T	H	G	K	C	Q	I	J	E	V	U	X
G	H	I	M	M	E	L	S	R	T	I	E	R	E
C	N	Y	I	F	S	O	V	L	B	U	H	K	K
K	W	V	C	X	Y	U	S	C	X	H	M	X	Y
P	B	D	B	R	O	T	L	J	A	H	R	I	O
G	L	H	K	W	S	F	W	Y	C	H	E	B	L
G	S	E	S	T	E	I	N	M	W	O	D	U	A
E	W	L	H	B	M	R	M	B	Q	C	C	D	P
L	X	U	U	M	U	K	S	U	T	G	K	I	F
B	L	P	W	L	E	N	D	E	D	V	J	R	J
X	T	V	Q	M	D	Y	T	Q	C	U	S	W	E

Wortsuchrätsel '3' (leicht)

1. GELB
2. BROT
3. DIR
4. RING
5. STEIN
6. CENT
7. JAHR
8. TIERE
9. AUGE
10. HIMMEL
11. ENDE
12. TOMATE

Z	W	P	V	N	I	L	J	H	E	E	Q	U	R
O	G	O	G	A	U	C	H	U	N	A	S	E	G
M	I	I	R	C	O	S	N	N	K	V	J	V	M
A	M	H	F	B	W	A	E	Y	B	L	A	U	T
N	V	D	E	M	Y	A	M	N	K	V	H	N	L
E	O	K	U	J	F	I	B	F	Y	Y	W	Y	D
M	E	U	R	O	K	Z	I	E	G	E	E	G	D
K	B	J	K	O	D	E	J	F	D	H	P	N	O
J	E	F	R	B	A	L	O	S	Q	A	F	M	G
O	E	A	S	C	H	W	A	R	Z	D	M	U	S
F	B	K	H	V	P	U	H	C	F	I	P	T	Y
U	F	E	D	E	R	A	B	I	L	D	O	T	J
S	V	B	J	B	X	J	H	K	Q	J	D	I	P
Q	B	M	B	I	E	N	E	M	U	M	C	O	S

Wortsuchrätsel '4' (leicht)

1. MUTTI
2. BLAU
3. ZIEGE
4. SCHWARZ
5. FEDER
6. OMA
7. DEM
8. BILD
9. EURO
10. AUCH
11. NASE
12. BIENE

R	A	D	O	P	N	U	N	R	R	Z	N	M	Z
S	R	E	D	F	S	W	Y	L	F	Q	B	F	K
S	L	N	C	L	F	O	U	W	R	S	U	G	A
O	M	K	C	A	K	L	U	Y	S	I	N	H	U
G	W	E	U	N	P	L	V	V	I	I	T	O	F
F	R	N	L	Z	N	E	U	N	E	O	S	S	E
R	L	B	Q	E	J	N	P	O	B	Q	L	O	N
I	L	T	G	H	B	F	W	D	E	U	Ö	N	W
S	U	H	J	Q	T	Y	U	X	N	H	W	T	U
C	Q	K	Ö	N	N	E	N	Q	E	G	E	R	W
H	B	X	X	S	O	A	W	C	L	W	I	Q	H
P	N	S	X	S	Y	Q	U	A	T	S	C	H	I
D	E	N	D	R	M	Y	R	P	V	W	E	K	B
M	D	Z	R	M	E	I	N	E	X	K	G	J	S

Wortsuchrätsel '5' (leicht)

1. FRISCH
2. WOLLEN
3. MEINE
4. PFLANZE
5. DENKEN
6. KÖNNEN
7. QUATSCH
8. LÖWE
9. KAUFEN
10. SIEBEN
11. BUNT
12. DEN

K	P	U	D	L	S	Z	X	N	X	H	S	E	I
W	B	L	S	L	A	U	F	E	N	V	U	P	T
A	G	E	L	G	J	H	E	C	T	E	M	I	U
S	B	R	S	E	I	F	E	P	F	X	P	L	D
S	V	B	C	D	Y	I	S	H	C	W	O	E	I
E	M	T	O	H	C	I	Z	I	U	T	K	I	S
R	U	Z	C	V	F	F	G	M	N	X	B	C	L
H	J	E	N	G	P	P	E	V	D	S	Q	H	K
S	C	F	V	S	U	U	B	D	V	S	G	T	S
F	V	W	F	Z	U	E	E	X	X	Y	S	K	O
W	M	I	I	U	V	Y	N	Y	W	O	L	K	E
F	B	E	F	M	N	X	O	O	K	F	T	J	M
U	K	G	E	V	N	L	C	U	R	W	R	B	O
N	I	O	B	W	F	M	C	W	I	E	D	E	R

Wortsuchrätsel '6' (leicht)

1. WIEDER
2. WASSER
3. ZUM
4. WOLKE
5. GEBEN
6. SEI
7. LAUFEN
8. SEIFE
9. WIE
10. LEICHT
11. ENG
12. UND

T	H	S	Q	P	U	W	P	U	M	D	I	C	H
C	W	O	C	H	E	F	U	V	K	Z	F	L	K
S	W	O	N	L	F	N	U	T	R	Z	U	V	E
E	B	R	A	U	N	M	R	I	O	U	Y	G	I
Q	V	N	T	C	Y	Z	B	Z	L	Q	Q	I	N
U	T	D	T	D	B	E	R	S	L	S	Q	H	H
Z	L	Y	I	I	L	B	U	W	E	I	F	Y	P
A	A	J	E	V	E	O	F	M	N	K	I	C	V
G	C	E	R	A	I	L	E	Z	B	D	N	Y	Q
V	H	P	V	C	B	J	N	U	X	O	D	I	X
Q	E	G	W	K	E	U	R	L	I	O	E	D	S
L	N	V	J	P	N	D	G	J	U	X	N	W	E
C	Q	O	B	S	I	D	I	B	C	M	R	R	I
M	U	S	S	H	N	P	K	Q	Z	Y	Q	K	S

Wortsuchrätsel '7' (leicht)

1. BLEIBEN
2. MUSS
3. TIER
4. BRAUN
5. LACHEN
6. EIS
7. DICH
8. ROLLEN
9. WOCHE
10. EIN
11. RUFEN
12. FINDEN

I	B	D	C	D	R	D	L	P	O	V	S	R	L
V	E	A	D	B	X	B	H	G	F	G	J	J	V
O	V	B	S	V	R	B	W	O	R	T	M	F	D
V	A	T	E	R	M	W	T	N	N	B	N	Z	G
W	Q	S	F	N	R	T	S	E	M	Q	K	E	Q
A	G	O	T	A	G	H	W	E	I	T	U	I	S
Z	P	X	J	P	S	X	W	V	Q	K	O	G	L
C	N	R	F	Ü	L	L	E	R	X	M	H	E	X
C	M	Q	P	Q	C	C	J	A	W	J	O	N	C
D	C	G	A	B	E	L	B	W	L	I	T	V	Q
O	T	Z	M	Z	P	R	S	C	H	A	S	E	N
E	G	B	Q	P	L	J	X	F	W	F	E	G	W
B	U	G	Z	A	O	L	S	C	H	O	N	N	N
W	T	R	H	M	E	R	S	N	R	U	F	R	T

Wortsuchrätsel '8' (leicht)

1. VATER
2. SCHON
3. FÜLLER
4. GABEL
5. HASE
6. ZEIGEN
7. WORT
8. AM
9. GUT
10. TAG
11. WEIT
12. DA

M	F	W	G	X	Z	P	F	P	M	M	U	Z	D	H	H
V	R	P	E	Q	V	E	U	V	E	Q	J	D	N	A	K
H	U	I	O	B	I	C	S	U	I	F	A	T	T	I	X
W	Ü	B	E	R	X	D	S	S	N	B	L	Q	N	I	Z
N	C	J	G	P	I	H	G	T	L	T	I	X	C	R	U
G	R	E	O	W	K	J	Y	N	K	C	Z	S	R	P	B
B	E	Z	H	I	W	B	J	D	G	B	W	L	G	U	A
D	X	B	L	N	N	P	I	M	D	Q	T	I	R	A	U
Y	R	U	E	T	E	S	Q	F	M	J	U	N	O	R	E
D	B	O	I	E	K	E	P	E	N	J	H	C	S	B	N
P	Y	V	H	R	U	G	A	Q	V	K	B	Y	S	E	I
K	B	D	I	B	A	U	M	X	R	V	O	T	C	I	W
L	N	I	A	U	F	G	A	B	E	R	G	T	K	T	F
V	G	Y	H	V	F	Q	X	E	I	Q	R	O	V	E	C
J	P	T	W	L	N	R	L	B	K	B	F	Ü	R	N	L
U	X	E	M	Q	W	U	R	M	K	Y	S	W	H	N	X

Wortsuchrätsel '9' (mittelschwer)

1. FÜR
2. FUSS
3. ARBEITEN
4. ÜBER
5. HAI
6. MEIN
7. AUFGABE
8. EI
9. WINTER
10. BAUEN
11. BAUM
12. GROSS

Lena Rakete

LENA

Mathias Buhl · Humplgassl 10 · 82515 Wolfratshausen · Germany